Gernot Candolini

Im Labyrinth sich selbst entdecken

HERDER

FREIBURG · BASEL · WIEN

Zweite Auflage

Gedruckt auf umweltfreundlichem,
chlorfrei gebleichtem Papier

Originalausgabe

www.herder.de
Gesamtherstellung: fgb · freiburger graphische betriebe 2001
www.fgb.de
Umschlaggestaltung und Konzeption:
R·M·E München / Roland Eschlbeck, Liana Tuchel
Umschlagbild: © Candolini
ISBN 3-451-05143-5

Einleitung

Es erstaunt mich immer wieder, wie viele Wendungen das Leben nimmt.
Gewollt oder ungewollt ändert sich der Weg, den man geht.
Seit ich dem Labyrinth begegnet bin, hat es mich immer mehr fasziniert und beeindruckt. Ursprünglich wollte ich mich über das Labyrinth nur rasch informieren. Heute habe ich manchmal den Eindruck, dass ich von dieser Informationsreise noch lange nicht zurückkehren werde.

Es gibt soviel zu entdecken in diesem scheinbar so einfachen Ursymbol. Es erzählt so viele spannende Geschichten über mich und andere und den Gang der Welt.

Ich danke meiner Frau Ulli und meiner Tochter Hannah, dass sie mit mir zu der abenteuerlichen Reise in die Geschichte der Labyrinthe aufgebrochen sind und mein Lebenslabyrinth begleiten.

Ich habe dieses Buch mit großer Freude geschrieben. Ich erzähle darin die Geschichte der Fahrt mit dem Wohnwagen von Labyrinth zu Labyrinth in Europa und die langsam wachsenden Einsichten, die ich für mich in der Begegnung mit dem Labyrinth entdeckte.

Das Labyrinth ist ein Gleichnis des Lebens, ein Spiegel der Seele, ein Menschheitssymbol, in dem ich vieles entdecken kann. Vor allem aber eines: mich selbst.

Gernot Candolini, Innsbruck Juni 2001

1

Aufbruch in eine geheimnisvolle Welt

Klassisches Labyrinth

Das Leben ist
beständiges Gehen
im Labyrinth
Ankommen
und Aufbrechen
Zur Mitte finden
und sie wieder verlassen
Sich wenden müssen
und immer weiterkommen

Es ist die einzige Nacht unserer seltsamen Reise, in der es eiskalt ist.

Reif legt sich auf die Scheiben, Wiesen und Bäume. Wir haben den Wohnwagen in einer Seitenstraße unter dunklen Bäumen abgestellt; neben unserem stehen einige andere Wohnwagen. Sie gehören Zirkusleuten. Ihr Zelt ist weiter hinten in einem Park aufgebaut. Es ist ein ungemütlicher Abend, aber wir sind ausgesprochen gut gelaunt. Wir genießen das Brummen der Gasheizung – umso mehr, weil ich sie erst nach anfänglichem Zögern kurz vor der Abreise reparieren ließ. Jetzt bin ich froh darum. Wir genießen auch die reizvolle Spannung, die all jene spüren, die zu einer abenteuerlichen Reise aufgebrochen sind.

Meine Frau Ulli und ich hatten im Sommer Beruf und Wohnung gekündigt und uns um keine neue Anstellung bemüht. All unser Hab und Gut haben wir in einer Garage verstaut und uns einen Wohnwagen geliehen. Unsere Tochter Hannah ist noch nicht ganz zwei Jahre alt. Sie sollte eine wunderbare Reisegefährtin werden. Wir haben keine fixe Reiseroute und kein festes Ziel, aber ausreichend Zeit.

Unser Weg führt uns zuerst Richtung Westen – Frankreich. In dieser kalten Nacht machen wir Rast in einem kleinen Ort in der Champagne. Hannah ist gerade eingeschlafen. Nachdem der Tisch leer geräumt ist, schlagen wir unser Buch auf. Dieses Buch ist unser einziger Reiseführer: Es ist ein Sammelwerk über die Labyrinthe der Welt.

Ich glaube, meine erste Begegnung mit dem Labyrinth fand statt, als ich einen Kalender irgendwo flüchtig durchgeblättert habe. Offenbar haben seine Bilder sich mir stark eingeprägt.

Es war einige Zeit später, als ich mit dem Direktor eines Kurzentrums durch den Kurgarten ging und wir uns über

Gestaltungsmöglichkeiten unterhielten. Wir waren in ein Gespräch vertieft über die Anlage eines zusätzlichen Weges, als er plötzlich fragte:

„Und was könnte man hier machen?"

Spontan, und auch für mich selbst ganz überraschend, antwortete ich:

„Ein Labyrinth." –

„Was soll man sich darunter vorstellen?"

„Ich weiß es nicht, aber ich werde mich informieren." –

Der Computerausdruck der Buchhandlung, auf dem ich Bücher zum Thema suchte, überraschte mich. *Labyrinthe – Erscheinungsformen und Deutungen. – 5000 Jahre Gegenwart eines Urbilds.* Ich hatte etwas Einfacheres erwartet, zumindest keine 5000-jährige Geschichte und keine wirklich tiefere Bedeutung. Was war wohl mit dem Begriff „Urbild" gemeint? In diesen Augenblicken hatte ich das Gefühl, an eine Türe zu kommen, hinter der eine faszinierende und rätselhafte Welt liegt. Irgendetwas nahm mich in diesem Augenblick völlig gefangen, und ich beschloss, diese Türe zu öffnen.

Ich nahm mir einen Tag frei und fuhr nach Wien. In einer kleinen Buchhandlung hinter dem Dom zog der Verkäufer das letzte Exemplar des großen Labyrinthbuches von einem hohen Regal.

Alte Kulturen haben mich schon immer fasziniert, besonders Ägypten, die Mayas, Inkas und alles Unerklärliche. Mein Großvater hatte mir oft die Geschichten von Carter und seiner Entdeckung des Tut-ench-Amun, von Schliemann und der Entdeckung Trojas erzählt. Wie viele Buben und Mädchen träumte auch ich davon, selbst einmal einen Schatz, ein Geheimnis entdecken zu können. Von Anfang an hat mich am Labyrinth die Freude des Entdeckers, der aufbricht, seinen Schatz zu suchen, gepackt.

Beim ersten Hineinlesen in das Buch sah und staunte ich, wie anders die Welt war, die sich hinter dem Thema verbarg, als ich vermutet hatte. Meine ursprüngliche Assoziation mit dem Begriff Labyrinth war, dass ich mir einen Heckenirrgarten neben einem Schloss vorstellte. Doch offensichtlich war diese Vorstellung nur ein kleiner Teil der ganzen Geschichte. Labyrinthe sind etwas anderes, so las ich, und haben mit Irrgärten nur am Rande zu tun.

Zunächst ist ein Labyrinth eine grafische Figur, die nach einer bestimmten Regel konstruiert wird. Die Regel ist einfach – und wer sie kennt, kann leicht ein Labyrinth zeichnen (S. 11). Zuerst zeichnet man ein Kreuz, darin vier Ecken und darin vier Punkte. Dann werden die Arme des Kreuzes mit den Ecken und Punkten der Reihe nach kreisförmig miteinander verbunden. So entsteht eine verschlungene Figur, die einen Eingang und eine Mitte hat. Vom Eingang zur Mitte führt ein einziger Weg. Er umkreist insgesamt siebenmal die Mitte, ehe er sie erreicht. Dieser Weg hat weder Sackgassen noch Abzweigungen. Es ist also ein Weg, auf dem man sich nicht verirren kann. Wozu aber ist dann ein Labyrinth gut?

Dieses Labyrinth findet man im Laufe der Geschichte auf Silbermünzen und Vasen, Tonscherben und Goldringen, in Felsen geritzt und mit Steinen ausgelegt. Es ist in unzähligen Kulturen verbreitet. Bei den Kretern und Spaniern, Etruskern und Briten, Normannen und Indianern, Indern und Indonesiern. Weil seine Konstruktionsmethode so eindeutig und, hat man sie einmal durchschaut, auch einfach ist, hat sich das Labyrinth über Jahrtausende nicht verändert. Daher bezeichnet man dieses Labyrinth auch als das „klassische Labyrinth".

Es ist dieses Labyrinth, das im Zusammenhang mit der Theseussage steht: in ihm besiegt der griechische Held Theseus in Kreta den Minotauros. Deshalb wird es auch als „kretisches Labyrinth" bezeichnet.

In der Theseusgeschichte ist das Labyrinth nicht nur das Gefängnis des Minotaurus; es kommt noch ein zweites Mal vor. Als Theseus mit Ariadne Kreta verlässt, machen sie Station auf der Insel Delos. Dort tanzen sie den Geranos, den Kranichtanz, indem sie die Linien des Labyrinths entlang tanzen. War das Labyrinth also auch ein am Boden aufgekratzter oder aufgezeichneter Tanzplatz?

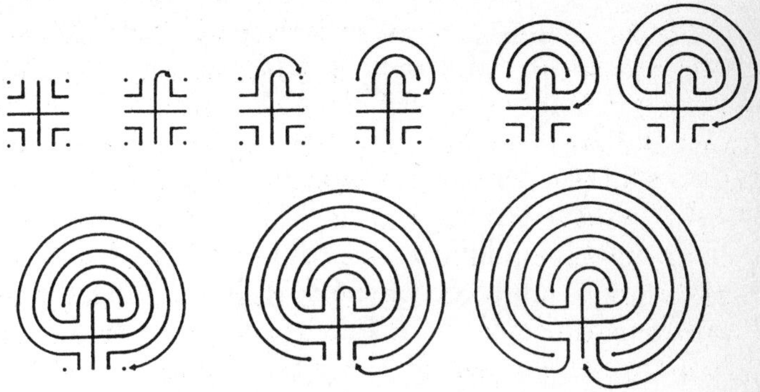

2

Das Lächeln des Engels

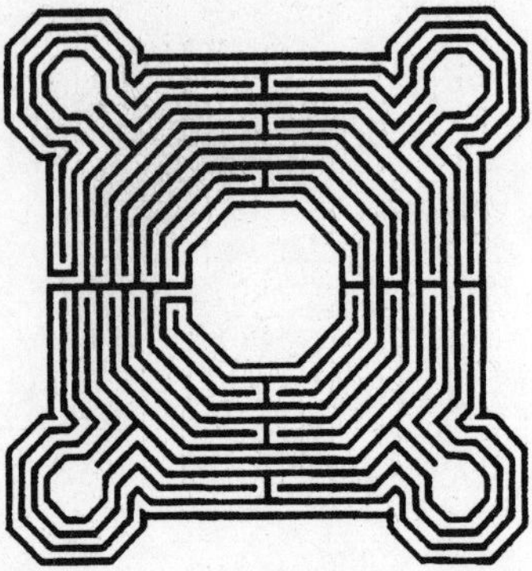

Das ehemalige Labyrinth in der Kathedrale von Reims / Frankreich

Wenn am Anfang
eines Weges ein Lächeln ist,
dann findet man es auch
am Ende wieder.

Irgendwo im Wohnwagen in der Champagne. Der Fußboden ist kalt, die Gasheizung brummt, Hannah ist eingeschlafen. Auf unserem Tisch im Wohnwagen studieren wir das Kapitel *Kirchenlabyrinthe.* Wir wollen am nächsten Tag nach Reims. Reims liegt in Nordfrankreich, etwa hundert Kilometer östlich von Paris.

Hier gab es einmal ein Labyrinth. Es befand sich in der Kathedrale, eingelegt ins Bodenmuster am Ende des ersten Drittels des Kirchenraumes. Das Labyrinth wurde als Meditationsweg verwendet und trug im Volksmund die Bezeichnung „Weg nach Jerusalem". Für jene, die sich die große Pilgerfahrt nach Jerusalem nicht leisten konnten, galt es offenbar als Ersatz, sozusagen als eine Pilgerfahrt im Kleinformat. Doch offenbar wurde es nicht nur in stiller Einkehr abgeschritten, sondern auch von lebhaften und fröhlichen Kindern. 1778 hat es der Kanonikus Jacquemar herausreißen lassen – das lustige Treiben am Labyrinth störte ihn. Auch Labyrinthe in anderen Kirchen wurden um diese Zeit aus dem gleichen Grund entfernt. Ich frage mich, warum gerade gegen Ende des 18. Jahrhunderts die Erwachsenen die Kinder in der Kirche nicht mehr vertrugen. 500 Jahre lang haben offensichtlich am Labyrinth herumlaufende Kinder niemanden gestört.

Als wir Reims erreichen, verliebe ich mich in die Gotik. Eigentlich ist es eine Steinfigur, die mich überwältigt, eine an der Westfassade stehende Engelsfigur. Ich schaue ihr minutenlang ins Gesicht und frage mich, wie eine Steinfigur bloß so lächeln kann. Dieses Lächeln scheint nicht nur aus dem Gesicht zu kommen, sondern aus jeder Faser des Körpers. Ich weiß nicht, ob ich je in meinem Leben schon einmal so gelächelt habe. Wann immer ich seither an diesen Engel denke, muss ich zurücklächeln. Mit dieser angelächelten Seele betrete ich die Kathedrale und mich überkommt spontan der Wunsch, jetzt und hier in einem großen Chor zu singen.

Mit der Hand streiche ich über die nichts sagenden Bodenfliesen des Kanonikus Jaquemar. Vielleicht wird eines Tages jemand kommen und das Labyrinth wieder einbauen lassen.

Wir bestaunen die Glasfenster – sie scheinen Geschichten zu erzählen, die wir nicht mehr verstehen. Als ich wieder im Freien bin und mich bei meinem Engel verabschieden möchte, entdecke ich an der Wand eine Plakette, die das Labyrinth von Reims zeigt und die Aufschrift „Monument Historique" trägt. Frankreich hat das Labyrinth von Reims zum offiziellen Logo seiner Kulturdenkmäler gemacht.

Stunden später stehen wir vor einer Kathedrale der anderen Art, einer Kathedrale des Todes: dem Beinhaus in Verdun. Die Knochen von 130 000 namenlosen Toten liegen darin aufgetürmt. Die ganze Sinnlosigkeit des Krieges klatscht einem hier ins Bewusstsein. In den Hügeln von Verdun wurde im Ersten Weltkrieg eine großteils unterirdische Riesenfestung gebaut. Jahrelang tobte der Krieg zwischen Deutschen und Franzosen über sich kaum verändernden Schlachtlinien. Wer hier was gewonnen hat, weiß niemand mehr – außer den Historikern.

Was ist eine Riesenfestung im Vergleich zu einer Kathedrale, was ein Soldatenfriedhof im Vergleich zu einem Heer erschöpfter Handwerker? Ich erinnere mich an den Geschichtsunterricht, in dem von der Euphorie berichtet wurde, mit der viele in den Ersten Weltkrieg zogen. Hat den Glaser, der den Auftrag für ein Kathedralenfenster bekam, vielleicht eine ähnliche Begeisterung erfasst? Mit Eifer, mit Haut und Haaren sind beide bei der Sache, die ganzen Einsatz erfordert – und nach Jahren steht der eine vor einem Meisterwerk, das noch Generationen nach ihm erfreuen wird, der andere versinkt namenlos in Dreck und Blut. Ich frage mich: ist es nicht möglich, schon am Anfang eines Weges unterscheiden zu können, ob der Weg zu etwas Schönem oder in eine Katastrophe führt?

Wir fahren weiter, durch eine sanfte, im flachen Licht immer schöner werdende Landschaft.

Die Kathedrale von Laon ist eine der wenigen nordfranzösischen Kathedralen, in die nie ein Labyrinth eingebaut wurde. Als wir sie in der Abenddämmerung vom Hügel leuchten sehen, wissen wir, dass wir trotzdem nicht an ihr vorbeifahren wollen, und finden auch mitten in der Stadt einen kleinen Campingplatz. Am nächsten Tag sind wir wieder überrascht von der fröhlichen Helligkeit und stillen Schönheit dieses gewaltigen Baus und dem leisen Humor, mit dem eine steinerne Kuh vom Turm aus auf uns herabblickt.

3

Das Wunder der Gotik

Mittelalterliches christliches Labyrinth in der Kathedrale von Sens / Frankreich

Das Labyrinth ist eine Wohltat
für die Augen
ein Stück Erleuchtung
für die Seele
und ein heiliges Rätsel
für den Geist

Nicht alle gotischen Labyrinthe sind gleich. Das berühmte Labyrinth von Chartres scheint das Grundmuster zu bilden. Es ist rund, besteht aus elf Umgängen und hat eine große Mitte in Form einer sechsblättrigen Rose. In der Zeit der Gotik wurde das Labyrinth der klassischen Form gegenüber verändert. Und immer mehr wurde es als Abbild des menschlichen Lebensweges verstanden. Das klassische Labyrinth hat sieben Umgänge. Die Zahl sieben aber ist eine heilige Zahl und daher – so empfand man es wohl in dieser Zeit – nicht angemessen für den Menschen. So versuchten Mönche ab dem 8. Jahrhundert, das Labyrinth umzukonstruieren und von sieben auf elf Umgänge zu erweitern. Elf ist eine Zahl, die für den Menschen passt – denn Gott hat zehn Gebote gegeben, aber der Mensch weiß es immer noch besser; und Jesus hatte zwölf Apostel, aber der Mensch bleibt unvollkommen. Damit sind Übermaß und Unvollkommenheit in der Zahl elf ausgedrückt. Und noch etwas anderes versuchten die Labyrinthkonstrukteure des frühen Mittelalters. Christus war auf die Erde gekommen, mitten hinein in den menschlichen Lebensweg. Diese Tatsache sollte auch grafisch seinen Ausdruck finden, indem ein Kreuz in das Labyrinth integriert wurde. An diesem Kreuz sollte sich der Lebensweg ausrichten und gleichsam auch vom Kreuz gehalten werden. Nach mehreren Schritten des Übergangs war es dann im 12. Jahrhundert geschafft. In verschiedenen Handschriften taucht das „mittelalterlich-christliche" oder „gotische Labyrinth" auf.

Sobald die gotischen Kathedralen entstehen, wird das Labyrinth mit verschiedenfarbigen Mamorplatten in den Kirchenboden eingebaut, und zwar so, dass jeder, der die Kirche betritt, es auch abschreiten kann. Der Weg, in den man eintritt, führt zuerst nahe zur Mitte und umkreist sie mehrmals. Dann führt er immer weiter nach außen. Er schwingt relativ regelmäßig hin und her. Fast immer beschreibt der Weg abwechselnd einen Viertelkreis und anschließend einen Halbkreis. Erst wenn man ganz außen angekommen ist, wendet sich der Weg wieder nach innen zur Mitte.

Diese labyrinthischen Einkehrwege werden in der Gotik aber auch für etwas ganz anderes verwendet: Wie schon in der Antike werden sie wiederum zu einem Tanzplatz. In manchen Kirchenbüchern findet sich nur die kurze Erwähnung, dass der Ostertanz „wie üblich am Labyrinth" aufgeführt werden soll. In einigen Büchern ist er jedoch genauer beschrieben. Demnach musste zur Vorbereitung des Tanzes der jüngste der Priester einen goldgelben Ball organisieren. Nach der Ostervesper übergab er den Ball an Dekan oder Bischof, und die Priester bildeten einen Kreis um das Labyrinth. Der Dekan tanzte nun im „Tripudium", einem Dreischritt mit wuchtigem Aufstampfen, durch das Labyrinth, während die Priester im Kreis um das Labyrinth herum tanzten. Dabei wurde der Ball immer wieder zwischen Priestern und Dekan hin- und hergeworfen. Der Ball symbolisierte die aufgehende Ostersonne über dem Lebenslabyrinth. Anschließend an den Ostertanz gab es ein großes Festmahl.

Dieser Tanz hatte eine über 300 Jahre lange Tradition in den Kirchenlabyrinthen. Wenn ich an unsere heutige, in vielen Dingen überraschend steife Zeit denke, so gefällt mir die Vorstellung, dass Dekane und Bischöfe diese Tradition wieder neu aufgreifen und mit ihren Kollegen wenigstens einmal im Jahr ein Tänzchen wagen könnten. Ich kann mir gut vorstellen, dass so ein Tanz nicht nur den Bischöfen und Priestern, sondern der ganzen Gemeinde und möglicherweise auch den Engeln ein Lächeln ins Gesicht zaubern würde.

4

Wendungen

Gotisches Labyrinth in der Kathedrale von Amiens / Frankreich

Der Weg zur Mitte
ist nie gerade
aber immer eindeutig.

Auch in der Kathedrale von Sens gab es ein Labyrinth und die Tradition des Tanzes. In Sens aber waren am Labyrinth im Vergleich mit den anderen gotischen Labyrinthen kleine Details verändert worden. Es enthält mehr Halbkreise und wendet sich zuerst nach außen und dann langsam und stetig nach innen. Vielleicht entsprach diese Wegeführung eher dem Empfinden des Baumeisters darüber, wie sein eigener Weg sich zur Mitte entfaltet hat. – Wie in Reims wurde es 1768 herausgerissen.

Der Tisch eines Wohnwagens ist ein ausgezeichneter Platz für gute Gespräche. Der Regen klopft laut an die dünne Außenhaut, aber der Geruch des Gasherdes und des Tees versprechen gemütliche Wärme. Leichtes Gepäck macht oft auch den Kopf und das Herz leicht. Ein Dach, ein warmer Tee, ein guter Standplatz genügen, um völlig zufrieden zu sein.

Ulli und ich unterhalten uns, ob im Leben ein Weg auf ein Ziel zu eher dem Labyrinth von Chartres oder dem von Sens entspricht. Ist es eher so, dass man anfangs nahe zur Mitte hinkommt, und im Laufe des Weges immer weiter von der Mitte wegkommt, oder ist es ein eher stetiges Näherkommen zur Mitte von außen nach innen? Wir finden Erfahrungen für beides.

Chartres erinnert uns an den Verlauf einer Liebesbeziehung. Zuerst, wenn man jung verliebt ist, fühlt man sich rasch und leicht nahe der Mitte. Dann geht es langsam und stetig von der Mitte weg, die Ferne wächst, manchmal sogar bis zu dem Punkt, an dem man kaum noch das Gefühl hat, überhaupt noch gemeinsam unterwegs zu sein. Aber wer weitergeht, findet wieder zueinander, zur gemeinsamen Mitte.

Ein stetiges Näherkommen ist manchmal die Erfahrung bei einem größeren Arbeitsprojekt. Bei jedem Arbeitsschritt wächst das Gefühl, dem Ziel langsam immer näher zu rücken.

Letztlich scheint uns das Labyrinth von Chartres tröstlicher. Gerade wenn man glaubt, immer weiter vom Ziel wegzukommen, rückt die Mitte doch immer näher, wenn man nicht aufgibt. Es ist ein ungewohnter Gedanke, der doch auf vieles zutrifft: Manch einer, der nahe ist, hat noch einen langen Weg vor sich, und nicht jeder, der weit weg ist, hat es auch weit bis zum Ziel.

Das Labyrinth in der Kathedrale von St. Quentin ist genauso aufgebaut wie das Labyrinth von Chartres. Aber die Mitte ist kleiner, und es ist nicht rund, sondern achteckig. Darin kommt eine weitere symbolische Bedeutung zum Ausdruck: acht ist die Zahl des Neuanfangs. Sieben Tage hat die Woche, am achten beginnt alles neu. Auch das Labyrinth ist ein Weg der Erneuerung. Wer die Mitte erreicht und umkehrt, für den beginnt der Weg neu.

Es ist das erste Labyrinth, das wir nun tatsächlich an dem Ort sehen werden, an dem es vor 800 Jahren gebaut wurde. Hoffentlich stehen keine Stühle darauf und man kann es auch begehen!

Am nächsten Morgen nach dem Frühstück steigt die Spannung. Wir fahren nördlich an Paris vorbei und erreichen nach drei Stunden Fahrt St. Quentin. Wir finden die Kirche verschlossen – Mittagspause. Als wir zurückkommen, sind die Türen offen. Es stehen auch keine Stühle über dem Labyrinth; aber gerade eben beginnt ein Begräbnis. Doch die Dimensionen einer gotischen Kathedrale sind so groß, dass es nicht stört, wenn während eines Gottesdienstes jemand im hinteren Schiff umhergeht. So gehen wir auf den alten Steinen, begleitet von Orgelmusik und einer Totenmesse. Langsam und konzentriert setze ich einen Fuß vor den anderen. An Verdun denke ich und das Ende meines Lebens. Immer wieder zwingt mir eine Wendung den Sarg ins Blickfeld, aber die Nächste lässt ihn wieder hinter meinem Rücken zurück. Mir kommt das Gesicht des lachenden Engels in den Sinn. Er weiß etwas, das ich nur hoffen kann.

Ich erreiche die Mitte des Labyrinths, einen schwarzen achteckigen Stein. Acht ist die Zahl des Neuanfangs. Die Auferstehungsliturgie beginnt. Ich wende mich um, um den gleichen Weg zurückzugehen. Alles beginnt neu, hinter dem Ende jeden Weges beginnt ein anderer.

Amiens liegt achtzig Kilometer westlich von St. Quentin, und wir versuchen das Labyrinth in dieser Kathedrale noch am selben Tag zu erreichen. Dieses Labyrinth war ebenfalls Anfang des 19. Jahrhunderts entfernt worden, 1894 jedoch wieder eingebaut worden. Nachdem der Fußboden komplett erneuert wurde, sind die Platten nicht sehr abgetreten und alles strahlt noch in prächtiger Frische. Leider können wir dies jedoch nur auf einer Postkarte sehen – im Oktober wird die Kirche schon um fünf Uhr nachmittags geschlossen.

Ich zögere – wäre Amiens nicht doch noch einen weiteren Tag wert? Aber die Neugier auf die englischen Labyrinthe ist größer. In der Nacht setzen wir über den Ärmelkanal.

5

Wege im Rasen

Rasenlabyrinth in Somerton / England

Im häufigen
Umkreisen der Mitte
ist mehr Weisheit zu finden
als im schnellen einmaligen Erfolg.

England – Land der Traditionalisten, der seltsamen Altertümer, der Steinkreise und Gespenster. Und das Land mit den meisten alten erhaltenen Rasenlabyrinthen. Offensichtlich hatten Pilger und Handelsreisende im 16. Jahrhundert die Idee der Kirchenlabyrinthe aus Frankreich mit nach Hause genommen.

Rasenlabyrinthe wurden so angelegt, dass man den Rasen der entsprechenden Fläche ungefähr zwanzig Zentimeter tief in Form des Labyrinths ausgestochen hat. Manche Labyrinthe wurden neben der Kirche, andere auf dem Gelände der eigenen Farm oder auf dem Hügel neben dem Dorf angelegt. Wieder andere mitten auf der Dorfwiese, auf der die Märkte stattfanden. Neun dieser Labyrinthe gibt es heute noch. Das Erste, das wir suchen, soll sich in einem kleinen Dorf namens Somerton, nördlich von Oxford, befinden.

Wenn man mit einem Labyrinthbuch in der Hand reist, kommt man an Orte, wohin sich vermutlich noch nie ein Tourist verirrt hat. „Außerhalb von Somerton auf dem Gelände einer Privatfarm, die früher *Troy Town* hieß", so lautet unsere ganze Information. Wir kurven entlang enger, heckengesäumter Wege. Unser Englisch reicht aus, um alles zu verstehen, was man uns an Hinweisen gibt.

Nach einer Weile finden wir die Farm. Sie ist etwas abgelegen, und außer einem großen Hund hinter der Eingangstüre, an der wir läuten, scheint niemand zu Hause zu sein. Wir warten nicht lange, ich versuche zu erraten, wo das Labyrinth sein könnte, und mache mich auf die Suche. Es hat ja immerhin einen Durchmesser von 15 Meter und soll direkt bei der Farm liegen, kann also nicht schwer zu finden sein. Aber vorläufig entzieht es sich mir doch; dafür finde ich in einem alten Werkzeugschuppen den Farmer. Auf der anderen Seite der Straße hatte ich es nicht vermutet. Doch da ist es, keine 50 Meter vom Haus entfernt.

Niemand weiß, wann und warum es gebaut wurde. Die Besitzer der Farm haben schon mehrmals gewechselt. Aber es wurde seit seiner Entstehung etwa alle zehn Jahre nachgestochen, sodass es nie verschwunden ist. Es hat 15 Umgänge und ist in der klassischen Form konstruiert. (Um auf mehr als sieben Umgänge zu kommen, muss man bei der Konstruktion in das Ausgangskreuz statt einer zwei oder mehr Ecken einfügen.)

Ich mache eine Erfahrung, die sich noch oft wiederholen wird. Gerade bin ich von der Theorie ausgegangen, dass die Engländer die Idee der Labyrinthe von den französischen Kathedralen abgeschaut haben. Schon liegt vor mir ein Labyrinth, das diese Theorie in Zweifel zieht. Woher kannte der englische Bauer die klassische Form? Und warum hat er nicht die gotische verwendet? Liegen womöglich in England ältere Wurzeln, die sogar in vorchristliche Zeit zurückreichen?

Unsere kleine Hannah läuft die Linien entlang, als hätte sie nie etwas anderes gemacht. Ich weiß, dass Kinder gerne auf Linien laufen, aber das Labyrinth scheint einen besonderen Zauber auszuüben. Sie ist so konzentriert, dass die ganze Welt um sie zu verschwinden scheint. Irgendwann zieht mich die Konzentration des kleinen Kindes in seinen Bann. Auch meine Frau hat aufgehört, die Umgebung zu erkunden und folgt mit ihren Augen unserer Tochter. Minutenlang beobachten wir sie. Ich weiß, wenn ich sie jetzt riefe, würde ich etwas Besonderes unterbrechen. Irgendetwas scheint hier zu geschehen, das ich noch nicht verstehe. Da kommt der Farmer mit seinem bellenden Hund ums Eck. Hannah blickt auf, ohne stehen zu bleiben. Sie sieht die Wendung nicht und fällt in den Zwischenraum. Der Zauber ist weg; aber es wird nicht lange dauern, bis ich etwas Ähnliches wiedersehen werde.

Der Farmer weiß nicht viel über das Labyrinth, er hat die Farm erst vor kurzem übernommen. Als ich meine Fotos gemacht habe und er in seine Werkstatt zurückgekehrt ist, gehe ich das Labyrinth nun für mich ab. So klein schaut es aus, und so lang sind die Wege. Es scheint gar kein Ende zu haben. Ungefähr 365 Meter lang ist der Weg, lese ich später. Ich kann mir nicht vorstellen, dass diese Länge bewusst gewählt wurde, aber wer weiß das schon. Zumindest ist es ein schöner Zufall, dass es der Zahl der Tage eines Jahres entspricht. So ist das Leben, denke ich, lang sind die Wege zur Mitte. Als ich in der Mitte stehe, fällt mir im Hintergrund der Baum auf. Es ist ein alter Riese der schon teilweise abgestorben ist. Ob er vielleicht am Tag der Labyrintheröffnung genau dort gepflanzt wurde, um den Ankömmlingen gegenüber zu stehen und sie zu grüßen?

6

In Hecken und Wüsten

Fünfsternlabyrinth in der Hochebene von Nasca / Peru

Im Gehen lernt der Mensch
seiner Seele zuzuhören.

Bei einer Touristeninformation hatten wir von einem Labyrinthmuseum in Symonds Yat in der Nähe von Ross on Wye bei Gloucester gehört. Selbstverständlich können wir uns das nicht entgehen lassen, und für den nächsten Tag ist dieses Museum unser Ziel. In Symonds Yat hat Lindsey Heyes einen Heckenirrgarten angelegt und daran ein Labyrinthmuseum angeschlossen. Als wir ankommen, sind die Tore jedoch verschlossen, und ein Schild sagt uns: „Mondays closed".

Wenn man so lange zu einem Ziel unterwegs ist, will man solche Schilder einfach nicht akzeptieren. Wir sind an diesem Tag außerdem zu gut gelaunt, als dass wir uns von dieser Enttäuschung beeindrucken lassen. Und: Man muss auf Enttäuschungen ja nicht immer gleich reagieren; der Rückzug kann warten. Es wird die Jause ausgepackt, herumgestanden, geschaut, gewartet, vielleicht passiert irgendetwas, vielleicht öffnet sich ein neuer Weg, vielleicht kommt bald eine Wendung. Immer mehr beginnen wir, die Sprache des Labyrinths zu sprechen.

Nach zwei Stunden bekomme ich Lust etwas zu unternehmen. Ich steige über den Zaun. In aller Ruhe suche ich zwischen den Hecken den Weg zum Ziel. Die Hecken haben immer auch etwas Bedrohliches an sich. „Was, wenn ich die Orientierung verliere", geht es mir durch den Kopf, auch wenn ich nicht glaube, dass es mir wirklich passiert. Vielleicht steht ein Gärtner hinter der nächsten Biegung und schimpft über mein unerlaubtes Eindringen. Alles ist still, aber genau weiß man in einem Irrgarten nie, was hinter der nächsten Ecke lauert. In der Mitte finde ich eine schöne Marmorlaube. Ein verborgener und romantischer Ort, gerade richtig um sich heimlich mit jemandem zu treffen. Ich schaue mich noch ein bisschen um und gehe zu den im Freien ausgestellten Stücken des Labyrinthmuseums. In diesem Augenblick geht die Alarmanlage los. Wie peinlich. Ohne Hast, aber so schnell ich kann, suche ich den Weg zur Stelle, wo ich hineingestiegen bin, und hüpfe wieder hinaus.

Eine Mischung aus sorgenvollem, verwurfsvollem und fragendem Blick trifft mich von meiner Frau.

„Ja, sicher war ich das", gebe ich zurück.

Wir kehren zu unserem Picknickplatz zurück. Ich behalte das Tor im Auge. Vielleicht kommt ja jetzt der Besitzer, von der Sirene gerufen, und öffnet mir ausnahmsweise das Museum. Er kommt nicht. Niemand kommt. Die Sirene heult eine Viertelstunde lang. Das ist ziemlich lang. Als sie endlich aufhört, besprechen wir unsere Weiterreise und packen zusammen. Es wird Zeit, den Museumsbesuch aufzugeben.

In diesem Moment fährt ein Bus vor und spuckt eine Schulklasse aus – und ich weiß sofort, dass die Wendung zum Ziel geschafft ist. Lindsey Heyes kommt persönlich und öffnet Labyrinth und Museum. Sofort sind wir in ein angeregtes Gespräch vertieft. Er sagt, dass er endlich die Alarmanlage anders einstellen muss, damit sie nicht von jeder Katze ausgelöst wird. Ich verrate mich nicht und nicke. Dann führt er mich durch sein Museum und erzählt mir, wie er entdeckt hat, dass eine der Figuren von Nasca ein echtes Labyrinth ist.

Nasca: ein Zauberwort für alle, die von den Rätseln der Archäologie fasziniert sind. Die Hochebene in Peru beherbergt eines der größten Geheimnisse der Menschheit. In der Landschaft sind riesige Tierfiguren eingezeichnet. Eine Spinne, ein Affe, ein Kolibri, eine Eidechse, ein Kondor. Nur aus der Luft sind diese Figuren überhaupt zu erkennen, da sie zwischen hundert und fünfhundert Meter groß sind. Linien und Flächen, die sich oft Kilometer lang durch die Landschaft ziehen, und andere bis heute unerklärte, riesige

Zeichnungen. Über Jahrhunderte haben Indianerstämme, die in dieser Ebene lebten, diese Figuren hergestellt, indem sie die oberste dünne, aus dunklen Steinchen bestehende Schicht weggekehrt haben, um den darunter liegenden hellen Sand freizulegen. Wozu sie das taten, ist ungeklärt.

Eine der Formen von Nasca gleicht einer Art Blume.

„Es ist ein Labyrinth", sagte Heyes, „nach dem gleichen Prinzip konstruiert wie das klassische. Das klassische wird aus einem Kreuz, vier Ecken und vier Punkten gezeichnet. Jetzt zeichne ich einmal eines aus einem Fünferstern und fünf Punkten. Danach zeichne ich den Weg und lösche meine Konstruktion wieder weg. Der Weg durch dieses Labyrinth entspricht genau der Figur in Nasca."

Ich staune: so einfach ist das, und doch hat es bisher keiner der Wissenschaftler, die Nasca erforscht haben, so gesehen.

Lindsey zeigt mir die Schätze seiner Sammlung. Pläne von Heckenlabyrinthen, Konstruktionsregeln und Fotos aus aller Welt. Dann gerät er in einen komplizierten Vortrag, warum das Labyrinth in China als Symbol nie verwendet wurde. Meine Gedanken sind bei Nasca hängen geblieben. Wenn das ein Labyrinth ist, dann war es ein Weg, der abgeschritten wurde, ein Prozessionsweg vielleicht, oder ein Tanzplatz. Vielleicht sind die anderen Figuren auch nichts anderes als Prozessionswege? Ich muss mir das genauer anschauen. Ich brauche dringend ein Buch über Nasca.

Die Schulkinder holen mich aus meinen Gedanken. Sie spielen Katze und Maus im Irrgarten. Ich stehe auf einer Aussichtsplattform und beobachte das lustige Treiben. Sie schreien und lachen. Gott sei Dank ist die Katze um die Ecke kein Minotauros, sondern nur der Klassenkamerad.

Auf der Weiterfahrt kehren meine Gedanken nach Peru zurück:

„Wie kommt das Labyrinth nach Nasca?"

„Sie werden es erfunden haben", meint Ulli.

Es ist das einzige Fünfsternlabyrinth der Welt, trotzdem gehöre ich zu denen, die eine andere Theorie für richtiger und auch spannender halten. Aus meinem Labyrinthbuch weiß ich, dass das Labyrinth bei einigen nordamerikanischen Indianerstämmen bekannt war. Und ich kann mir gut vorstellen, dass man auch früher weit gereist ist. Vielleicht war ein nordamerikanischer Indianer unten in Peru und hat ihnen das Labyrinthkonstruieren gezeigt, und weil sie nicht das Gleiche machen wollten, haben sie den Fünferstern genommen.

Doch ich fürchte, Ulli wird Recht haben, wenn sie zu meiner Theorie bemerkt: „Das werden wir wohl nie wissen."

Doch eines weiß ich trotzdem seit heute: In Nasca wurde das größte antike Labyrinth der Welt in den Boden gezeichnet.

Unser nächstes Ziel: ein ganz kleiner verträumter Ort irgendwo mitten in England. Im Zentrum des Rasenlabyrinths von Hilton steht eine weiße Säule. Darauf lese ich, dass der 19-jährige William Sparrow 1660 diese Anlage geformt hat. Schon in Somerton hatten wir eigentlich vermutet, man müsse bei einem Rasenlabyrinth unten in den ausgestochenen Wegen gehen; aber in der Regel geht man auf der stehen gebliebenen erhöhten Grasnarbe. Wir laufen die Wege entlang und freuen uns an der ruhigen, angenehmen und doch starken Atmosphäre. Der Platz ist gut gewählt, es ist genau das, was man einen Ort der Kraft nennt. Die weiße Säule endet oben in einer Kugel. Es reizt mich, da hinaufzuklettern und mich darauf zu stellen. Nachdem ich mich ausbalanciert habe, strecke ich die Arme nach oben. Axis mundi, in der Mitte der Welt, denke ich unwillkürlich.

7

Es ist ein langer Weg

Labyrinth in der Kathedrale von Ely / England

Der direkte Weg auf ein Ziel
wirkt oft kurz und gerade.
Aber alles, was wertvoll ist,
ist weder einfach noch schnell zu erreichen.

Auch die englischen Kathedralen sind eindrucksvoll. Eine davon steht in Ely, nahe Cambridge. 673 wurde hier ein Kloster gegründet, 1083 mit dem Bau der Kirche begonnen. Die englische Gotik ist anders als die französische, viel bunter und auch verspielter. Direkt hinter der Eingangstüre im Vorraum wurde ein Labyrinth in das Bodenmuster eingelegt. Ich bin mit einem Fuß schon drin, ehe ich es bemerke. Es wurde erst 1870 eingebaut, und das merkt man. Es ist dekorativ, aber irgendwie passt es nicht dazu. Es abzugehen, ist schwer, die Wendungen sind eng und spitz, der ganze Körper kommt nicht richtig mit. Der Weg zur Mitte ist 63 Meter lang, und wenn man sie erreicht und nach oben blickt, befindet sich 63 Meter über einem im Deckengemälde des Westturmes ein Bild von Christus als Weltherrscher. Wer in seiner Mitte ankommt, erreicht damit auch das Angesicht Gottes.

Neben dem Labyrinthweg steht eine moderne Christusfigur, die ihn als Bruder am Wegesrand, als verwundeten Heiler darstellt. Das alles ist wirklich eine schöne Symbolik – trotzdem bleibt für mich dieser Vorraum kühl und das Labyrinth kraftlos. In den Labyrinthen, die ich bisher gegangen bin, herrschte immer diese Spannung zwischen den langen Wegen und den überraschenden Wendungen, die Spannung zwischen der Freude am Unterwegs-Sein und der wachsenden Ungeduld, zwischen der scheinbaren Sinnlosigkeit im Detail und dem vollendeten Ganzen, die mich berührt hat. In Ely war von all dem wenig zu spüren, ich dachte, welch ein furchtbares Gefühl es sein muss, wenn dich dein Leben in solchen spitzen Kehren und engen Wegen herumreißt. Auch die Vorstellung, dass in solchen Lebensabschnitten Christus neben deinem Weg steht und dich am Ende erwartet, kann das unangenehme Gefühl nicht vertreiben.

Ich lasse den Vorraum hinter mir und trete ein in eine Kirche, die mit dem Licht spielt wie Bach mit den Klaviertasten. Hier ist es wieder, das Wunder der Gotik, das Lächeln des Engels.

Wir verlassen Ely und fahren an Cambridge vorbei Richtung Süden nach Saffron Walden. Gerne und sehr genau erklären die Briten den Weg, sodass wir das größte noch existierende alte Rasenlabyrinth leicht finden. Zwei Buben spielen Fußball darauf, und ich überlege, ob ich sie bitten soll, für die Fotos kurz aus dem Bild zu gehen. Aber das Spielen der Kinder gehört irgendwie zu den Labyrinthen dazu, und so sage ich nichts. Die Entstehungszeit dieses Labyrinths ist unbekannt, die erste Erwähnung stammt aus dem Jahre 1699. An der breitesten Stelle hat es einen Durchmesser von 42 Metern, es ist mit 15 Umgängen konstruiert. Der Weg ist an den vier Ecken herausgewölbt, wie es auch im Labyrinth der Kathedrale von Reims der Fall ist. Wahrscheinlich wurde das Muster aus der Kathedrale abgeschaut. Früher stand in der Mitte ein Baum – er wurde am 5. November 1823 vom Blitz zerstört.

Ich zögere. Ich weiß, was es heißt, in dieses Labyrinth hineinzugehen. Es wird dauern, eine halbe Stunde, vielleicht eine ganze. Der Nachmittag neigt sich dem Ende zu, die Zeit würde noch reichen, aber ist es mir das wert? Es soll ja noch ein anderes Labyrinth in Saffron Walden geben. Ich will möglichst alle sehen. Ich entscheide mich dafür, das andere Labyrinth zu suchen. Heute noch tut mir diese Entscheidung leid.

Immer wieder einmal fällt mir dieser Augenblick ein. Ich weiß, dass die Wege durch die Labyrinthe meines Lebens lang sind. Egal, welche Aufgabe ich angehe, welches Projekt ich beginne, auf welche Beziehung ich mich einlasse. Erschrick nicht vor den Wendungen, geh nur weiter, du kommst schon an – das ist die große Ermutigung des Labyrinths. Ein klassisches Labyrinth hat sieben Wendungen, das gotische 28, aber Saffron Walden hat 74. Der Weg in St. Quentin ist 240 Meter lang, in Somerton 365 Meter, aber in Saffron Walden 1500 Meter. Ich bin ihn nicht gegangen, weil mich seine Länge geschreckt hat. Ich wollte lieber noch etwas Neues sehen, als mich auf das bereits Entdeckte wirklich einzulassen. Im Leben geht es mir oft nicht anders. Ich habe Saffron Walden gesehen, aber weil ich es nicht gegangen bin, habe ich es bis heute nicht wirklich kennen gelernt.

Ein kleines altes Rasenlabyrinth gibt es in Wing bei Uppingdale. Wir haben eine befreundete Familie getroffen und fahren hin. Versteckt neben einem Weg, umgeben von einem weißen Holzzaun, finden wir es. Es liegt dort ohne erkennbaren Bezug zur Umgebung, und die erste Bemerkung unserer Freunde ist:

„Was, das ist alles?"

Sie hatten sich, vermutlich aufgrund meiner begeisterten Schilderungen, eine andere Vorstellung von Labyrinthen gemacht. Etwas unschlüssig stehen wir alle am weißen Holzzaun, als das Labyrinth seine Kraft zu offenbaren beginnt. Die drei Kinder sind hineingelaufen. Die Großen voraus, Hannah als Jüngste hinterher. Die Wege sind an manchen Stellen abgetreten und ihr Verlauf nicht immer eindeutig zu erkennen. Als Hannah den Weg verliert, kommen die anderen zurück und helfen. Das Gleiche geschieht noch einmal, aber bald sitzen die drei glücklich in der Mitte und umarmen sich fest. Dann laufen die Kinder wieder zurück und gleich wieder hinein. Und dann noch einmal das Ganze und noch einmal. Ich höre auf zu zählen, und irgendwann hängt meine Tochter erschöpft an meinem Hosenbein.

„Ich gehe jetzt auch einmal", sage ich.

„Hannah mit", sagt sie.

Am Abend im Pub meinen unsere Freunde:

„Anfangs waren wir enttäuscht. Aber das Labyrinth ist wirklich etwas Besonderes."

8

Was man mit den Füßen lernt

1	2	4	1	3
3	3	1	3	2
1	2	○	2	3
3	3	3	2	4
4	2	1	3	2

⇧

Modernes Zahlenlabyrinth

Wer es mit den Händen nicht anfasst,
kann es nicht begreifen.
Wer mit seinen Füßen nicht hingeht,
kann es auch nicht verstehen.

„Sind wir wirklich in England?", fragt mich meine Frau am nächsten Morgen mit einem Blick zum Himmel. Ein weiterer wolkenloser Tag kündigt sich an. Seit wir den Kanal vor 14 Tagen überquert haben, haben wir keinen Tropfen Regen gesehen. Es soll noch eine Woche lang so bleiben. Auch der November kann eine gute Reisezeit sein.

Wir bummeln nach St. Albans. Dort wohnt der bekannteste Labyrintharchitekt unserer Tage. Mit schlechter Karte suchen wir nach einem Campingplatz. Wir verfahren uns des Öfteren. Ein Kreisverkehr hat vier, manchmal auch sechs Abfahrten. Einmal wählen wir der Reihe nach alle falschen, bis wir den richtigen haben. Das Leben mag ein Labyrinth sein, der Verkehr ist ein Irrgarten. Falsche Entscheidungen sind nichts als verlorene Zeit. Oder ist doch jede falsche Entscheidung für die richtige letztendlich notwendig? Es bleibt keine Zeit zum Philosophieren, denn in diesem Augenblick reißt der Steuerriemen.

Das Auto steht in der Werkstatt, der Wohnwagen in einer engen Seitenstraße, aber der Labyrinthbauer Adrian Fisher ist nur einen kurzen Fußweg weit entfernt. Bald sitze ich ihm in seinem übervollen Arbeitszimmer gegenüber. Mit der üblichen Begeisterung eines Wissenden erzählt er mir von seinen und anderen Labyrinthen. Besonders faszinieren mich seine Schulhof-Mazes.

„Es steckt das Prinzip des Labyrinths dahinter", erklärt er mir, „nämlich, sich mit Freude und Neugier Wissen anzueignen, und: Das Labyrinth lehrt dich, ohne dass du es merkst."

Er fragt mich, ob ich sie sehen will, und wir legen im Garten zwei Labyrinthe aus. Eines davon ist ein Zahlenlabyrinth. Durch richtiges Zusammenzählen in Kombination mit einer bestimmten Anzahl von Schritten muss man versuchen, auf null und damit in die Mitte zu gelangen. Ein Quadrat ist in 25 Kästchen unterteilt, die alle, außer die Mitte, mit einer Zahl zwischen eins bis vier beschriftet sind. Ich stelle mich auf das Startfeld. Es trägt die Nummer Drei, also darf ich drei Schritte gehen. Die Richtung kann ich mir aussuchen. Dann stehe ich auf einer Eins: ein Schritt also. Nun muss ich versuchen, den Weg durch das Labyrinth zu finden, indem ich immer die vorgegebene Schrittzahl weitergehe und dann irgendwann mit genau der richtigen Schrittzahl die Mitte erreiche. Erschwerend tragen alle Zahlen noch ein Plus oder ein Minus: Es muss nicht nur die Zahl der Schritte stimmen, sondern die Summe aller Schritte muss in der Mitte null ergeben.

„Ich hoffe, du bist kein Mathematiklehrer", meint Adrian, als mir immer wieder Rechenfehler unterlaufen. Ich spüre, wie mich der Ehrgeiz packt. Hätte ich Rechnen nur so gelernt! Ich hätte es stundenlang mit Begeisterung gemacht und wäre heute nicht so peinlich bald auf den Taschenrechner angewiesen.

„Ha", lacht Adrian, „hättest du Rechnen mit den Füßen gelernt, könntest du es besser."

Ich weiß. Es gibt vieles, das man mit den Füßen besser lernen würde als mit dem Kopf. Wir spielen noch das „Pfeilelabyrinth" und kommen der faszinierenden Anziehungskraft der Labyrinthe über diese Spiele auf einem ganz anderen Weg nahe.

Als das Auto wieder fahrtüchtig ist, besuche ich noch einen zweiten Labyrinthfachmann. Jeff Saward hat das größte Archiv der Welt zum Thema Labyrinth, eine geheime Forschungsstation. Hier finde ich Antworten auf alle Fragen, die sich bisher angesammelt haben.

„Wie kam das Labyrinth nach Nasca?", ist meine erste Frage.

„Nun, Nasca ist ein Einzelfall, auch wenn es dort zwei Labyrinthe gibt, aber das sind die einzigen Labyrinthe in ganz Südamerika. Das macht es so schwierig. Wie das Labyrinth nach Nordamerika kam, darüber weiß man mehr, obwohl es auch hier viele Rätsel gibt. Das Labyrinth war sicher vor den Europäern da. Es ist immer die reine klassische Form, die in kleinen Designmerkmalen variiert wird. Es kommt als Felsritzung, auf Tontäfelchen, auf Satteldecken und auf Silberschmuck vor, und in ein oder zwei Beispielen auch mit Steinen am Boden aufgelegt. Es findet sich aber nur in sehr begrenzten Gebieten: Bei den Hopi-, Navajo-, Pima- und Papago-Indianern. Sie alle sind Nachbarn. Sie erzählen Geschichten über ihre Herkunft über den Ozean und verwenden das Labyrinth als Zeichen des Eintritts in die neue Welt. Es ist somit ein Zeichen ihrer neuen Geburt."

„Willst du damit sagen, dass die Hopi Seefahrer waren, die das Labyrinth bereits vom Mittelmeerraum her kannten?"

„Siehst du, es gibt das gleiche Labyrinth in Kreta, in Afghanistan, in Pakistan, in Indien, in Ceylon, in Indonesien und dann an der Westküste Amerikas. Es ist nicht ausgeschlossen, dass Gruppen von Einwanderern erst spät über den Pazifik nach Amerika gekommen sind und alte Symbole aus Europa kannten. Vielleicht unterschätzen wir ganz einfach die Reisefähigkeit früherer Zeiten. Die Labyrinthe im Mittelmeerraum, Indien und Amerika sind sich nun einmal verblüffend ähnlich, genau genommen praktisch gleich."

Dann erzählt er mir die seltsame Geschichte eines Felszeichnungsforschers, der behauptet hat, 50 alte indianische Labyrinthe im Südwesten der USA und Mexiko gefunden zu haben. Aus irgendeinem seiner vielen Ordner zieht Jeff einen Stapel Kopien heraus.

„Das sind Kopien aus den Büchern von Carl Schuster. Die Bücher gibt es nicht oft, weil sie nur privat gedruckt wurden, aber das Material darin ist einzigartig. Carl Schuster war ein Wissenschaftler mit einem eigenen Stil. Er lebte von 1902 bis 1967 und sammelte überall alles, was irgendwie mit Stammessymbolen zu tun hatte. Und er hatte die fixe Idee, dass alles irgendwie zusammenhängt. Er verglich geographisch weit auseinander liegende Kulturen und suchte immer das Gemeinsame, das Verbindende. Sein Ansatz richtete sich gegen die üblich vorherrschende Meinung der Kulturwissenschaftler, die glauben, dass jede Kultur für sich isoliert betrachtet werden muss. Zumindest schien es völlig absurd, Massai mit Eskimos und Griechen mit Indianern zu vergleichen. Schuster war ein Außenseiter, er hat kaum etwas publiziert und wurde auch zu keinen Vorträgen oder Kongressen eingeladen. Er war unterwegs und sammelte. Dann starb er und tausende Schachteln mit über 30 000 Fotos, Reiseberichten, Skizzen standen herum, ohne dass sich jemand dafür interessiert hätte – außer einem Mann namens Ed Carpenter. Er hörte von diesem wertvollen Archiv und beschloss, so viel wie möglich davon zu publizieren. Kein Verlag hätte es getan, aber nachdem Carpenter selbst genug Mittel zur Verfügung hatte, tat er es selber. Er stellte ein faszinierendes zwölfbändiges Werk zusammen. In einem Band steht einiges über Labyrinthe, auch über solche, von denen niemand sonst etwas weiß. Es gibt diese Bücher nur in wenigen Exemplaren, und kaum eine Bibliothek hat sie. Aber im Völkerkundemuseum in Basel stehen sie, dort befindet sich inzwischen übrigens auch das ganze Originalarchiv von Schuster. Einen ganzen Raum braucht man für diese Sammlung."

Unwillkürlich sehe ich diesen Raum vor mir, unaufgeräumt, voll vergilbter Blätter, Schachteln und verstaubter Schätze. Ich weiß freilich, dass diese Vorstellung von Indiana-Jones-Filmen inspiriert ist, aber innerlich beschließe ich, diesen Raum sehen zu wollen.

„Übrigens es könnten auch die Normannen gewesen sein."

Ich war in die Welt geheimer Räume abgeglitten, und hatte nur mit halbem Ohr zugehört.

„Was ist mit den Normannen?"

„Nun, die ausgelegten Steinlabyrinthe in Mexiko entsprechen den ausgelegten Steinlabyrinthen in Skandinavien. Hauptsächlich an den Küsten Skandinaviens kann man heute noch über dreihundert alte Steinlabyrinthe finden. Die Normannen hatten das Labyrinth ziemlich sicher auf ihren Reisen und Beutezügen nach Italien kennen gelernt und in ihre Kultur integriert. Die Normannen waren aber bekanntlich auch in Amerika."

„Aber es ist ein weiter Weg von Neufundland nach Mexiko." –

„Schon, aber wir meinen oft, wir wüssten schon alles, und dann ist es doch ganz anders. Ich selbst glaube auch eher, dass das Labyrinth über den Pazifik kam. Die Normannen haben übrigens auch ein Steinlabyrinth in England gebaut, es befindet sich auf Scilly Island vor der Küste Cornwalls. Wahrscheinlich gab es bei uns in England früher mehr Steinlabyrinthe, aber man kennt nur noch dieses. In Deutschland waren es ja auch die Skandinavier." –

„In Deutschland?" –

„Ja, es gibt drei alte erhaltene Rasenlabyrinthe in Deutschland, eines davon heißt im Volksmund Schwedenring, weil schwedische Soldaten es während der Zeit des 30-jährigen Krieges gebaut haben sollen. Es gab in Deutschland früher vermutlich an die hundert Rasenlabyrinthe, Genaueres weiß man über ungefähr dreißig."

Ich bekomme die Unterlagen zu diesen Labyrinthen und wie man sie findet. Jeff erzählt noch davon, wie lange er brauchte, um das Labyrinth im Eilenrieder Forst in Hannover zu finden. Selbst 50 Meter davor wusste keiner der Spaziergänger, dass an dieser Stelle ein altes Labyrinth zu finden sei.

An diesem Abend gehen mir viele Bilder durch den Kopf. Ich sehe tanzende Indianer, die sich ein Labyrinth auf die Brust malen, Wikinger, die an einer nebeligen Küste Steine zusammentragen, Kinder, die sich heimlich in einer Vollmondnacht bei einem Rasenlabyrinth am Hügel neben dem Dorf treffen, und einen stolzen jungen Häuptling, der in der Wüste von Nasca steht, mit einem Lederstück in der Hand, auf dem der Konstruktionsplan eines klassischen Labyrinths gezeichnet ist. Er sagt gerade:

„Nein, das nehmen wir nicht, ich lasse mir etwas anderes einfallen."

9

Landkarte der Seele

Modernes Plattenlabyrinth in Grey's Court / England

Das Labyrinth fängt
auf unnachahmliche Weise
den Weg des Menschen
durch die Zeit ein.
Es lockt ihn zur Mitte –
ins Hier und Jetzt.

Der Weg nach Grey's Court, etwa dreißig Kilometer westlich vom Stadtrand Londons, ist ein Irrgarten, ein heckenumsäumter Irrgarten. Kleine englische Landstraßen sind immer eingepackt in Buschwerk. Mit einem Wohnwagen hinterm Auto kann es ganz schön an die Nerven gehen, im Hinterland Britanniens einen winzigen Ort zu suchen. Das letzte Stück Weges fährt uns ein freundlicher englischer Herr voraus. Er ist der Dritte, der uns sagt, dass Grey's Court längst geschlossen ist. Hinfahren und probieren hat aber bis jetzt immer funktioniert. Erst als wir ankommen, finden wir heraus, das zwar das Schloss geschlossen ist, das Labyrinth aber ohnehin außerhalb der Gartenmauern liegt. Adrian Fisher hat es 1981 erbaut. Er selbst denkt zwar nicht so, aber ich halte es für sein Meisterwerk. Ich habe vorher und auch nachher kein Labyrinth begangen, in dem mein Inneres und Äußeres in solcher Harmonie mit schwangen. Natürlich kommen bei einem solchen Erlebnis immer viele Faktoren zusammen; an diesem Tag schien für mich alles zusammenzustimmen. Dieses Labyrinth zu begehen war eine wunderbare, eine nahezu vollkommene Meditationsübung. Im entspannten Gehen fiel ich innerhalb kurzer Zeit in einen leichten, angenehmen Zustand. Es war ein seliges und zufriedenes Lauschen nach innen. Meine Seele schien zu mir zu sagen: Hallo, da bist du ja.

Seit diesem Tag bin ich überzeugt, dass es in Aufbau und Konstruktion von Labyrinthen eine heilige Regel ähnlich dem goldenen Schnitt geben muss. In Grey's Court wurde sie umgesetzt, ob nur erraten oder bewusst hineingearbeitet. In sieben großzügigen Bögen wird die Mitte umkreist, alle Rundungen sind weich und schwungvoll. Der Rhythmus der Bewegung war meinem Inneren so angepasst, als sei es die Landkarte meiner Seele, die auf dem Boden ausgebreitet war.

In der Mitte steht ein Steinquader mit folgenden eingeritzten Worten:

Credo, says the heart. Upheld in cradling hands. The heart has reasons. No reason understands. Mind's flashing messages. Fork and fall apart. At the centre stillness. Credo, says the heart. (Robert Gittings)

Ich glaube, sagt das Herz. In wiegenden Händen halte ich es hoch. Das Herz hat seine Gründe. Sie sind nicht zu verstehen. Der Verstand sendet Botschaften. Doch seine Einwände zerfallen. In der Mitte Stille. Ich glaube, sagt das Herz.

Schon das Gehen hat mich so berührt; und jetzt auch noch diese Worte. Schnell rufe ich Ulli und zeige ihr das Gedicht. Leider schaffe ich es nicht, mich meinen Gefühlen anzuvertrauen. Wenn ich ihnen freien Lauf gelassen hätte, ich wäre jetzt vermutlich auf die Knie gegangen und hätte geweint. Stattdessen rufe ich nach jemandem, um zu zeigen und zu erklären. So verberge ich meine offene Seele wieder hinter meinen Worten.

Jetzt entdecke ich auch den eisernen Globus, auf dem Quader montiert, in den eine Sonnenuhr integriert ist. In der Mitte wird der Mensch auch in Raum und Zeit festgemacht, denke ich mir. Ich bin endlich ganz da, mein Sein ist angekommen im Jetzt, und dazu ist mein Herz im Glauben geborgen. Schade, dass ich dieses Geschenk nicht ausgehalten habe.

Ich weiß, dass ich dieses Labyrinth kein zweites Mal gehen kann mit der heimlichen Hoffnung, dass es mich wieder so berühren wird. Wenn man etwas Besonderes erwartet, tritt es nicht ein, und was man unbedingt haben will, kann man nicht geschenkt bekommen. Vielleicht bekomme ich woanders wieder eine Chance dazu.

10

Der erste Schritt

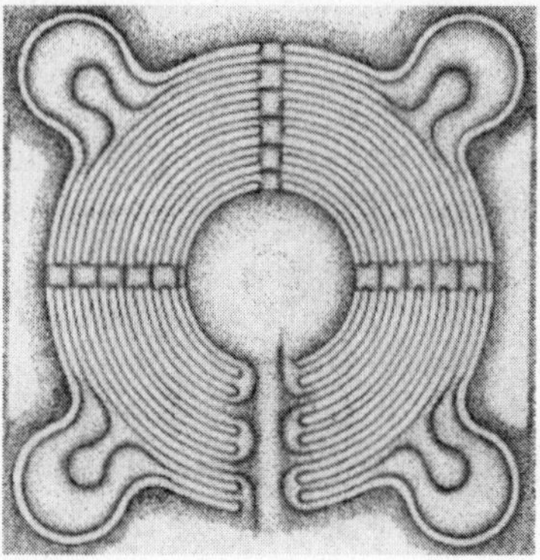

Das größte erhaltene Rasenlabyrinth in Saffron Walden / England

Auf einem Weg erwarten dich meist zwei große Krisen.
Die erste kommt, wenn der Zauber des Anfangs
verflogen ist.
Die zweite kurz vor dem Ziel.
Beide stellen die Frage:
Willst du wirklich?

Im Stadtpark von Bath hat Adrian Fisher aus Steinplatten ein weiteres Labyrinth gebaut. Hannah und Ulli laufen bereits die Wege zur Mitte, ich konzentriere mich zuerst auf meine Fotos. Ich klettere auf Mauern, überlege ob irgendein Baum dazu taugt, um von dort aus eine gute Perspektive auf das Ganze zu gewinnen. Die Mitte des Labyrinths besteht aus einem gewölbten Mosaik. Ich bin neugierig, was darauf zu sehen ist. Quer hindurch, einfach zur Mitte hingehen und ein Foto machen, das kostet einige Überwindung. Es ist, als würde ich einen heiligen Raum, eine unausgesprochene Regel verletzen: Du kannst nur zur Mitte, wenn du auch den Weg auf dich nimmst. Einfach darüber wegzugehen ist barbarisch. Es ist ja ein neues Labyrinth, sage ich mir, das ganz auf kommerzieller Ebene im Rahmen einer Ausstellung gebaut wurde und nur dem Spaß der Leute dient. Meine selbstberuhigende Ausrede wirkt nicht. Ich stehe in der Mitte und fotografiere das Mosaik und fühle mich dabei wie ein Tourist, der nur mit der Badehose bekleidet in eine italienische Kirche geraten ist. Anschließend verstaue ich meine Ausrüstung und setze mich auf eine Bank.

Du kannst ja noch einmal anfangen, sage ich mir, und stelle mich an den Eingang des Labyrinths.

„Komm, wir waren lang genug da, gehen wir in die Stadt, wir sind hungrig." Meine Frau drängt zum Aufbruch. Ich stehe vor der ersten Steinplatte und denke mir: Der erste Schritt, das ist die wichtigste Entscheidung. Im ersten Schritt ist der ganze Weg enthalten. Mit dem ersten Schritt binde ich einen unsichtbaren Faden an das Ziel. Dieser Faden ist die Leitschnur für alles Weitere. Selbst wenn sich erst im Laufe des Weges das Ziel genauer erkennen lässt, manchmal sogar auch ganz neu definiert, mit dem ersten Schritt ist die Verbindung geknüpft.

Ich blicke zur Mitte, die ich mit meinem rüden Hineingehen schon etwas entehrt habe, aber jetzt bin ich wieder neu bereit. Ich weiß nicht, wohin mich der Weg führen wird, wie viel Geduld er verlangen wird, wie viele Fragen und Krisen auf mich warten, aber ich bin bereit, die Mitte neu zu suchen, mich den Weg zu ihr leiten zu lassen.

Eine kleine Stimme neben mir holt mich von meinem geistigen Höhenflug herunter:

„Papa, Hunger."

Auch in diesem Labyrinth bleibt der Weg ungegangen.

Später unterhalten wir uns über die Kraft, die im ersten Schritt liegt. Der erste Schritt in einem Projekt, einer Idee, einem Plan setzt meistens eine überraschende Dynamik in Gang. Türen gehen auf, Gleichgesinnte stellen sich ein, Hilfe kommt von entscheidender Stelle. Manchmal scheint es, als hätte das ganze Universum auf diesen einen Schritt gewartet, und ich wundere mich, dass ich vor diesem Schritt davon gar nichts bemerkt habe.

In allen ersten Schritten liegt ein besonderes Gefühl, der Zauber des Anfangs. Dieser Zauber ist ein herrlicher Wind unter den Flügeln, der einen fast mühelos bis zur ersten großen Krise trägt. Manchmal habe ich den Eindruck, dass es auf den meisten Wegen zwei wirklich große Krisen gibt. Die erste nach dem Aufbruch und die letzte vor dem Ziel. Es ist so, als ob man zweimal gründlich gefragt wird: Willst du das wirklich? Ist das der Weg, den du gehen willst? Ist es dir den Preis wert? Ist das das Ziel, das du wirklich erreichen willst? Die erste Krise nimmt den Wind aus den Flügeln, die Leichtfüßigkeit aus den Beinen. Wer jetzt das Ja zum Weitergehen findet, hat einen langen Weg vor sich. Das Labyrinth ist das Symbol des Weges, den jeder gehen muss, der eine wichtige Sache in Angriff nimmt.

11

Das Ungeheuer im Spiegel

Leonardo da Vinci, Entwurf für eine Labyrinthmitte
aus acht zueinander gestellten Spiegeln

Wird das Leben als Irrgarten betrachtet,
ist jeder Fehler ein unnotwendiger Umweg
und vergeudete Zeit.
Ist das Leben ein Labyrinth,
dann ist jeder Fehler Teil des Weges und
ein unerlässlicher Lehrmeister.

In Bristol steht die kleine gotische Kirche Mary Redcliff. Die Schlusssteine der gotischen Bögen des Gewölbes sind jeweils mit einem Schmuckstein verziert; einer davon mit einem schönen goldenen Labyrinth. Bisher waren die Labyrinthe, die wir gefunden haben, immer für die Füße gebaut. Dass es auch welche gibt, die von oben herab leuchten, hat mich überrascht. Unwillkürlich wünsche ich mir eine Leiter, um den Stein näher betrachten und das Labyrinth mit den Fingern durchfahren zu können. Aber die einzige Möglichkeit, den Weg des Labyrinths abzugehen, besteht in einer konzentrierten Augenübung. Auf diese Distanz durch ein gotisches Labyrinth mit elf Umgängen und 28 Kehren zu fahren ist ganz schön anstrengend, aber es gelingt.

Im Viktoriapark in Bristol hat man einen Labyrinthbrunnen gebaut, das *Bristol Watermaze.* Ich halte es für komplett misslungen, denn das Labyrinth ist nicht begehbar. Das Wasser darf den Labyrinthweg fließen, und wir tapsen auf den erhöhten Begrenzungslinien herum. Es dauert eine Weile, bis wir bemerken, dass man mit diesem Labyrinth nichts anfangen kann. Es ist nur zum Betrachten da, der wassergefüllte Weg ist zu schmal für die Füße, selbst wenn ein warmer Sommertag eine Erfrischung willkommen erscheinen ließe.

Wir sind von Bristol früh in Richtung Süden aufgebrochen und machen unseren ersten Halt in Wookey Hall. Dort finden wir eine reizvolle Kombination von Höhle, alter Geschichte, Museum, Jahrmarktsgeräten aus der Jahrhundertwende und ein Spiegellabyrinth. In der Höhle haben im 18. Jahrhundert ein paar gelangweilte Soldaten eine prächtige Tropfsteinhalle mit ihren Musketen beschossen. Ein Tropfstein nach dem anderen wurde „abgeräumt". Mit einer einstündigen Schießübung wurde ein Jahrtausende altes Naturwunder zerstört. Ich ärgere mich über diese Dummköpfe.

„Dies ist der Minotauros", steht in einem der Spiegel eingraviert im Labyrinth. Ich schaue mir in die Augen und muss an einen Satz denken: Wer das Böse in sich selbst nicht sehen will, wird es immer auf andere projizieren. Bin ich mein eigenes Ungeheuer? Ich schneide eine Grimasse in den Spiegel. Der erste Satz in meinem großen Buch über Labyrinthe lautet: „Im Labyrinth begegnet man nicht dem Minotaurus, man begegnet sich selbst." Auch ich gehöre zur großen Familie der Dummköpfe.

12

Mutter Erde

Der Hügel von Glastonbury / England.
Heute steht nur mehr der Turm der Kirche

Das Labyrinth ist ein
Symbol der Erde,
die Gebärmutter der Seele
und der Platz des Tanzes.

Sobald wir am Horizont das erste Mal den Hügel von Glastonbury sehen, zieht uns dieser Ort wie ein Magnet an. Wir parken am oberen Aufstieg zum Hügel und steigen den Weg zur Turmruine der ehemaligen Kirche hinauf. Was sind das für seltsame Spiralen, die sich um diesen Hügel drehen? Alte Prozessionswege? Wir sind jedenfalls an einer der vielen geheimnisvollen Stätten Englands. Glastonbury ist Avalon, die Insel, auf der König Artus starb. Auf Avalon war auch das Kloster, in dem Artus' Frau Guinevere ihren Lebensabend verbrachte.

Unten am Hügel wurde im 12. Jahrhundert eine der eindrucksvollsten Kathedralen der Welt gebaut. Sie enthielt eine Bibliothek, die große Schätze aus dem Mittelalter und der Antike beherbergte. Bevor es die Kathedrale gab, stand hier die erste Steinkirche Englands. Hinweise lassen vermuten, dass es in Glastonbury bereits 64 nach Christus die erste christliche Gemeinde gab, die von Josef von Arimathäa, der Jesus sein Grab zur Verfügung gestellt hatte, gegründet worden sein soll. Beim Bau der neuen Abtei wurden am Klosterfriedhof die Särge von König Artus und seiner Frau Guinevere gefunden und in der Kathedrale neu in einem Ehrengrab bestattet.

Wir stehen im Abendlicht inmitten der kärglichen Mauerreste, ein kleines weißes Plastikschild markiert das ehemalige Grab des Königs Artus. Weil der Abt von Glastonbury die Scheidung Heinrich des VIII. kritisiert hatte, wurde er am Hügel erhängt, das Kloster aufgelöst und die Kathedrale auf Abbruch verkauft.

Wer ist dieser Minotauros, das Monster im Labyrinth unserer Seele? Wie ist es möglich, dass Menschen so ungerührt und einfach Großes zerstören können, ohne einen Funken von Ehrfurcht zu empfinden vor Alter und Schönheit?

In Glastonburys geheimnisvollen, duftölgetränkten Läden findet man fast alles zum Thema Mysteriöses und Mystik. Wir machen uns auf die Suche nach einem Labyrinthschmuck. Doch mit der Suche nach diesem Schmuckstück werde ich noch Seltsames erleben – in Glastonbury jedenfalls ist nichts zu finden. Dafür begegnen wir einer Gruppe „Tribal people", moderner Zigeunerinnen und Zigeuner, Totalaussteiger, die in der Natur nach eingewurzeltem, echterem Leben suchen. Wir reden mit ihnen über Gott und die Göttin, Mutter Erde, Mond und Sonne, über Feuerriten und *Samhain*, dem letzten Tag im keltischen Jahr, der an diesem Tag gefeiert wird. Es ist nicht schwer, diese Rückbesinnung zu den erdigen Wurzeln des eigenen Seins verstehen. Zu vieles haben die Lehrer des Christentums und der Aufklärung ängstlich zerstört, zu vieles wurde der Vernunft geopfert, zu oft wurde Gott als harter und freudloser Vater dargestellt, der seine Schöpfung unterwirft, aber nicht liebt.

„Das Labyrinth ist der Bauch der Mutter", sagt einer, „die Nabelschnur zur Erde."

„Es ist der Tanz der Frauen", sagt eine andere, „und ihr Männer werdet es nie verstehen."

13

Keine Zeit für den Weg

Labyrinth am Hügel von Winchester / England

Wer zu schnell unterwegs ist,
eilt oft an der Mitte vorbei,
ohne sie zu bemerken.

Das letzte Labyrinth, das wir in England besuchen wollen, liegt auf einem Hügel bei Winchester. Wir parken bei der großen Kathedrale und gehen zuerst dorthin. Wieder beeindruckt die Größe und das lebendige Innere. Ein Priester probiert seufzend, wie die Farben für einen neuen Festtalar vor dem Altartuch wirken. Kollegen und eine Gruppe resoluter Frauen geben Kommentare. Das Gewand des Priesters wirkt wie ein Frauenkleid. Spontan denke ich: „Sie haben es nicht leicht, die Priester, die immer noch die verlorene Mutter in der Kirche ersetzen müssen."

Es ist ein langer und schöner Spaziergang zum Cathrine's Hill, aber seit dem großen Regen ist der Boden nirgends mehr trocken geworden. Über Baustellen und Böschungen nähern wir uns dem Hügel, der einen Baumkreis wie eine Krone trägt. Auf einmal rasen zwei bellende Hunde auf uns zu. Weit und breit sehe ich keinen Besitzer. Rasch nehme ich Hannah auf die Schultern. So schnell sie gekommen waren, sind sie auch wieder weg, aber sie lassen eine unangenehme Spannung in der Luft zurück.

Das Labyrinth liegt vor den Bäumen. Es ist in seiner viereckigen Form und in der Wegeführung einzigartig unter den Rasenlabyrinthen, wie es der Platz am Hügel über der Stadt auch ist. Hier atmet noch die Geschichte, wenn auch eingeengt von Bauprojekten und Straßen. Als das Labyrinth vor vierhundert Jahren angelegt wurde, stand unter den Bäumen eine Kapelle. Nur noch ein paar Steine sind von ihr übrig. Was hat dieser Ort nicht schon alles gesehen unter diesen hohen schlanken Bäumen! Heute hasten an seinen Füßen eilige Autos vorüber. Pilgernde Menschen sind selten geworden, und mit dem Gefühl, seltsame Wesen zu sein, sind wir aus der Eile der Welt an diesen Ort gekommen und haben ausreichend Zeit mitgenommen, die uralten Linien entlang zu gehen. Der Wind hat in den Wegmulden die Blätter des Herbstes angehäuft und damit dem ganzen Labyrinth eine wunderschöne Farbgebung verschafft, in der Braun und Grün den Kontrast bilden. Es reizt mich, mir vorzustellen wie viele Menschen diesen Weg wohl schon vor mir gegangen sind. Wenn seit seiner Entstehung jeden Tag nur einer im Labyrinth war, dann wären wir die Hundertdreißgtausendsten.

In einem Kaufhaus in Crawley ist in den Fußboden ein Labyrinthspiel eingelegt. Wir sind in der Nähe und fahren hin. Menschenmassen nutzen den Einkaufssamstag, keiner beachtet das Bodenmuster. Erst als Ulli und ich mit viel Spaß ein paar Runden spielen, bleiben andere stehen und entdecken erstaunt, dass es offenbar das Mosaik am Boden ist, das an unserem Gelächter schuld ist. Nach einer Weile haben wir einige angesteckt, und es wird weiter gespielt, als wir uns zum Einkauf aufmachen. Doch als wir wieder zurückkommen, hat der Fluss der Menschen, die den Boden unter den Füßen nicht sehen, den Platz wieder überschwemmt.

Langsam schließt sich der Kreis unserer Rundreise durch den Süden Englands. Bevor wir die Küste erreichen, machen wir einen letzten Halt im kleinen Leeds südöstlich von London.

Mit schier unglaublichem Kostenaufwand wurde in Leeds Castle ein Heckenlabyrinth gebaut. Es ist ein schwieriger Irrgarten mit einem kleinen Hügel in der Mitte. Von dort führt ein Gang nach unten in die Tiefe. Einer riesigen Brunnenfigur fließt das Wasser aus dem Mund. Alles ist mit bizarren Muscheln ausgelegt. Es ist aufregend und ein wenig schaurig schön.

„Was ist deine größte Angst?" frage ich Ulli am Abend. „Wirklich verloren zu gehen", sagt sie. Ich ahne, was sie meint, und frage nicht weiter.

An diesem Abend werde ich krank. Es ist mir ganz fremd, was mich da erwischt hat, seltsame Symptome, völlige Erschöpfung. Die flackernden Bilder in meinem Kopf werden immer verwirrender, das Fieber ist der Irrgarten des Geistes. Ich danke Gott, dass er in diesem Irrgarten eine Hintertüre offen gelassen hat – den Schlaf.

14

Die Perle

Labyrinth im Kölner Dom

In der Mitte bist du,
und zu dir
ist kein Weg zu lang.

Ulli fährt durch die Nacht. Erst knapp vor der Grenze nach Deutschland findet mein Bewusstsein langsam wieder zurück in das Labyrinth des Lebens.

Gegen acht Uhr am Abend erreichen wir den Stadtrand von Köln. Als wir immer weiter zur Stadtmitte kommen, steigt ein Hauch Verzweiflung auf. Unmöglich, zwischen Anwohnerparkplätzen, Auffahrten und dergleichen einen nicht völlig einsamen, aber auch nicht direkt an der Straße liegenden Stehplatz zu finden. Man weiß ja nicht einmal, in welche Richtung man fahren soll. Doch auf einmal ist er da. Neben einem Hochhaus ein leerer Abstellplatz, abgesetzt von der Straße und doch beleuchtet. Dazu eine U-Bahnstation, eine Apotheke und am Haus das Schild einer praktischen Ärztin, die ich am nächsten Morgen aufsuchen kann. Unglaublich, und doch so normal. Warum ist es so schwer, Vertrauen in einen guten Weg zu fassen?

In Deutschland gab es vermutlich nur ein altes Kirchenlabyrinth, und zwar in St. Severin in Köln. Niemand weiß jedoch, wie es genau ausgesehen hatte oder wann und wie es verloren ging. Köln hat heute aber ein neues Labyrinth. Es wurde 1977 zu den Bauabschlussfeiern im Kölner Dom eingebaut. Dieses Labyrinth ist am Stiegenabgang zur Krypta mit weißem Marmor eingelegt. Viele sagen, dies sei ein falscher Platz für ein Labyrinth; das finde ich nicht. Das Labyrinth ist auch ein Symbol für die Auferstehung. Wer in diese Krypta hinab getragen wird, hat seinen Lebensweg abgeschritten und ist am Ziel, in der Mitte des Lebens angekommen. Aber er bleibt nicht darin gefangen: in der Auferstehung wird der Weg zu einem neuen Leben eröffnet. Der Faden der Ariadne führt Theseus zur Liebe. Die gefangenen Geiseln werden aus dem Labyrinth heraus geführt und erhalten ihr Leben zurück. Es gibt auch einen „großen" Faden der Liebe, der die Gefangenen aus ihren Lebenslabyrinthen heraus führen wird.

Das Labyrinth im Kölner Dom ist zu klein, um begehbar zu sein. Es gehört zu den vielen Labyrinthen, die die Ordnung immer wieder durcheinander bringen: weil sie weder so aussehen, wie man es sich vorgestellt hat, noch dort sind, wo sie hingehören.

Von irgendwem hören wir, dass es noch ein Kirchenlabyrinth in Deutschland geben soll. Einmal fällt der Name Würzburg, dann Ellwangen. Wir fragen uns weiter, und endlich scheinen wir auf der richtigen Fährte zu sein. In Hohenberg bei Ellwangen gibt es in der Jakobskirche ein neu eingebautes Labyrinth.

Das Pfarrhaus ist einzigartig. Der inzwischen berühmte Pfarrer und Künstler Sieger Köder hat es komplett bemalt. Auch das Innere der Pfarrkirche hat er gestaltet. Aus normalen Fließen hat er ein achteckiges kleines Labyrinth vor dem Altar einbauen lassen. Besonders schön ist das Mittelstück: eine bronzene Muschel mit Perle. Der Kaufmann gibt alles, was er hat, für eine kostbare Perle, so erzählt Jesus es im Evangelium. So soll es auch mit dem Reich Gottes sein. Das wirklich Kostbare soll uns alles wert sein. Ein solch radikales „Alles" ist immer schwer. Was, wenn sich herausstellt, dass man sich getäuscht hat, nachdem man alles auf eine Karte gesetzt hat? Dann hat man auch alles verloren.

Oft blockiere ich mich selbst, indem ich mir zu viele Möglichkeiten eröffne. Plan *A* oder *B*, vielleicht sogar *C*. Dabei liegt es auf der Hand: Solange ich den Fuß nicht aus der Tür nehme, kann ich nicht weiterkommen. Nicht ein einziger Schritt auf dem Weg ist möglich, wenn ich Angst vor dem Verstreichen der anderen Möglichkeit habe. Und wenn ich losgehe in dem Versuch, mir ständig den Rückweg offen zu halten, komme ich eigentlich nicht von der Stelle.

Gott erhört Gebete. Und er hat auch ein ganzes Heer von Helfern: Menschen, Engel, Fügungen und auch Krisen. Aber die guten Helfer haben einen heiligen Respekt vor der menschlichen Freiheit. Solange ich selbst unentschieden bin, setzen sie nichts in Bewegung, greifen nicht wirklich ein, sie warten und unterstützen nur etwas, was man selbst auch wirklich will. Sie helfen nur dem, der sich uneingeschränkt auf etwas einlässt. Die Perle kann nur gewinnen, wer alles auf eine einzige Karte setzt.

15

Pilgerwege

Rasenlabyrinth in Boughton Green / England

Nach einer Weile wusste ich weder,
wie weit es noch ist,
noch wie weit ich schon gegangen war.
Ich begann mich auf den Weg zu konzentrieren,
nicht mehr auf die Entfernung.

Im Kirchenprospekt der Jakobskirche in Hohenburg finde ich einen Hinweis auf den Jakobsweg als alten Pilgerweg durch Europa nach Santiago de Compostela. Ich habe noch nie bewusst etwas davon gehört. Das Labyrinth und der Jakobsweg stehen miteinander in Verbindung, beide sind sie Pilgerwege. Diese Verbindung macht mich neugierig.

Der Herbst neigt sich dem Ende zu, und wir beziehen unser Winterquartier. Ich will mehr über den Jakobsweg erfahren und was das Labyrinth damit zu tun hat. Ich bin froh, dass im Wohnwagen eine kleine Privatbibliothek Platz hat.

Seit Tausenden von Jahren brechen Menschen zu Pilgerreisen auf. Heute noch zählt die Reise nach Mekka für die Moslems und die Reise zum Ganges für die Hindus zum Pflichtprogramm eines Menschenlebens. Auch die Christenheit kennt die Tradition der Pilgerreise. Jerusalem und Rom gelten von der Geschichte des Christentums her als die großen Ziele; dazu gibt es eine Reihe von Erscheinungs- und Wunderorten, wie Lourdes und Fatima.

Aber der Pilgerweg nach Santiago de Compostela im äußersten Westen Spaniens scheint etwas ganz Besonderes zu sein. Der Sarg Jakobus des Älteren, einer der zwölf Jünger Jesu, soll hier auf wundersame Weise über das Meer gekommen und begraben sein. Aber es ist nicht ein bestimmter Apostel, der diesen Weg zum meistbegangenen Pilgerweg der Christenheit macht; es ist der Weg selbst. Ein Weg in den Westen, der untergehenden Sonne entgegen, zum äußersten Ende des Kontinents, nach Finis Terra, dem Ende der Welt.

Dieser Pilgerweg hatte im Mittelalter eine derart große Bedeutung, dass man überall in Europa auf Jakobskirchen, Jakobsbräuche und Jakobsherbergen stößt, die am Weg der Wanderer liegen.

Wir bleiben den Winter über in Innsbruck, einer Stadt, deren Dom dem Heiligen Jakobus dem Älteren geweiht ist. Innsbruck liegt nicht nur heute an der größten Transitroute Europas, immer schon floss der Strom der Händler und Pilger durch diese Stadt. In der Zeitung lese ich, dass der Platz vor dem Dom neu gestaltet werden soll, und denke mir spontan: da sollte ein Labyrinth gebaut werden, ein Jakobuslabyrinth, ein Pilgerweg im Kleinformat, das den großen Weg nachahmt. Und ebenso spontan beginne ich mein erstes Labyrinth zu planen. Ich will etwas Neues versuchen, ohne dabei etwas von der Kraft der Symbolik zu verlieren, die in den alten Formen steckt. Ich zeichne ein wenig herum und entdecke auf einmal so etwas wie eine Figur in der unteren Hälfte meines Labyrinthentwurfs. Die muss bleiben, ich arbeite sie deutlicher heraus, bis ich ihn gut erkennen kann – den tanzenden Jakob. Der Weg soll am Kreuz angeordnet sein, zuerst zur Mitte und dann hinaus. Nach einigen Versuchen ist mir klar, dass man nicht alles haben kann. Wer etwas Neues hineinbringt, muss etwas anderes dafür aufgeben. Irgendwann bin ich mit meinem tanzenden Jakob aber sehr zufrieden. Ich bin überzeugt, dass mein Entwurf eine sehr stimmige Gestaltung für einen Platz vor einer Pilgerkirche ist.

Noch weiß niemand von meiner Idee, aber ich bin so begeistert, dass ich mir gleich alle konkreten Informationen für die Umsetzung besorge. Von einem Steinmetz lasse ich die Kosten für das Sägen verschiedenfarbiger Steinplatten berechnen. Es ist kein geringer Aufwand, aber das Labyrinth hat rasch auch den Steinmetz zu faszinieren begonnen, und er brütet die technisch bestmögliche Lösung aus. Unbeabsichtigt trägt er, als er alles fertig hat und mir die Lösung zeigt, noch etwas Besonderes zur Symbolik bei.

„Grauen und grünen Granit gibt es bei uns, aber den roten, der die Figur darstellen soll, würde ich aus Spanien kommen lassen, aus Galicien", sagt er. Die Hauptstadt Galiciens ist Santiago de Compostela. So würde der Boden des Labyrinths mit dem Ziel der Sehnsucht des Pilgers verbunden werden.

Mit dem Plan und dem Kostenvoranschlag gehe ich nun zum zuständigen Stadtrat. Ich bin so überzeugt von meiner Idee, dass ich mir sicher bin, ihn gleich für die Sache gewinnen zu können, um dann im nächsten Monat mit dem Bau zu beginnen. Aber ich vergesse, dass Wege, die wertvoll sind, labyrinthisch verlaufen.

Inzwischen ist einige Zeit vergangen. Der Domplatz ist vorläufig ohne Labyrinth renoviert worden. Viele Gremien haben sich mit dieser Gestaltungsidee befasst. Sie wurde gutgeheißen und abgelehnt, aufgegriffen und wieder fallen gelassen. Viele Wendungen sind genommen, aber die Mitte ist in dieser Geschichte noch nicht erreicht.

16

Kurz vor dem Aufgeben

Bodenlabyrinth in der Kirche San Vitale in Ravenna / Italien

Wer keinen Traum
zu verlieren hat,
hat bereits alles verloren.

Zur Fahrt in den Süden gehören Eros Ramazotti, Billy Joel und Cappuccino und das Gefühl, dass nicht alles so genau genommen werden muss wie im Norden oder in England. Es ist gerade erst Frühling geworden, noch liegt reichlich Schnee auf den Bergen, die wir langsam hinter uns lassen. In Mantua fahren wir von der Autobahn ab und parken an der Stadtmauer. In der Altstadt liegt eine große Piazza. Die Stühle und Schirme der Cafés wachsen in sie hinein. Vom Postkartenständer leuchtet sie mir schon entgegen: Die goldblaue Labyrinthdecke im Palazzo Ducale.

Die Fürstenfamilie der Gonzaga von Mantua liebten das Labyrinth. Sie mussten sich ausführlich damit auseinander gesetzt haben, denn es erscheint auf einigen Bildern, die sie in Auftrag gegeben haben, und als Dekoration in ihren Häusern. *Sala di labirint*, leider geschlossen, kein Zutritt. Prego, bitte, specialistico labirinto austriaco, foto, prego, uno minuti. Fast alle italienischen Museumswärter haben für so etwas Verständnis. Ganz alleine und ungestört liege ich Minuten später am Boden des Labyrinthzimmers und betrachte die Decke. *Forse che si, forse che no* ist in den Labyrinthweg eingeschrieben. *Vielleicht ja, vielleicht nein*. Möglicherweise war für die Fürsten das Labyrinth das Symbol des Abwägens. Im Labyrinth wanderte man meditierend und fragend auf die richtige Antwort zu.

Es ist ein prächtiger Raum, eine beeindruckende Ausführung der Decke. Ich frage mich, ob der Fürst auch einmal wie ich am Boden gelegen und das Werk so fasziniert betrachtet hat. Ich beeile mich mit den Fotos, ich möchte die Freundlichkeit des Wärters nicht überstrapazieren.

In einem anderen Raum ist ein Teil eines Wandgemäldes zu sehen. Auf ihm ist der Berg Olymp dargestellt, der von einem See umschlossen ist. Es ist ein Labyrinth im Wasser, das den Berg umgibt. Die Segelschiffe müssen das ganze Labyrinth durchfahren, ehe sie zum Berg kommen. Ich denke an Troja, das ja auch mit dem Labyrinth in Verbindung gebracht wird, und an das labyrinthische nach Hause kommen des Odysseus. Jeder ist ein Odysseus auf seine Weise, jeder ist in seinem Labyrinth unterwegs auf der Suche nach dem Zuhause.

Interessant ist auch die Sala di Psiche im Palazzo Te in Mantua. Mit acht achteckigen Labyrinthen ist der Boden ausgelegt. Dem entsprechen acht achteckige Bilder an der Decke. Ich gehe im Raum umher und bemerke die faszinierende Mosaiktechnik, mit der die Mitte der Labyrinthe gestaltet wurde. Aus einem bestimmten Winkel sieht man in allen Labyrinthen einen kleinen Brunnen mit Wasser. – In der Mitte wird dir frisches Wasser angeboten: Das Bild gefällt mir so, dass ich trotz fragender Blicke des Museumswärters den Finger in den Brunnen tauche und vorgebe, von seinem Wasser zu trinken.

Wir fahren Richtung Meer in der Hoffnung auf einen gemütlichen Campingplatz, aber es ist gerade erst April geworden und alle sind noch geschlossen. Das Labyrinth von Ravenna in der Kathedrale San Vitale muss ich sehen. Ich finde keine Ruhe in Apollinaria und den anderen Prachtbauten, die am Weg liegen. Werden wir es sehen?, wie groß ist es?, kann man auf die Balustrade hinaufgehen und das Labyrinth von oben fotografieren?, werden Bänke oder Touristenmassen darauf stehen?

San Vitale ist eine Kirche voll wunderschöner Mosaike aus dem 6. Jahrhundert. Tausende Touristen werden in der Hochsaison durchgeschleust, und auch wir sind gerade in einen Feiertag geraten. Da liegt das Labyrinth vor uns, kaum beachtet, alles blickt nach oben. Es ist formschön und geheimnisvoll. Warum führt der Weg zu einer Muschel? Soll hier ein Pilgerweg dargestellt sein? Es herrscht Blitz- und Stativverbot. Ich tauche in einer Touristengruppe unter, steige schnell auf eine Bank und fotografiere. Die Museumsbedienstete hat sich nur einmal täuschen lassen. Als sie mich streng anblickt und mit dem Zeigefinger droht, deute ich unschuldig auf den Boden. Sie ist sich nicht sicher, was das bedeuten soll, denn alle, die hier unerlaubter Weise die Kamera in die Hand nehmen, richten sie nach oben. Es gelingen mir noch einige Fotos, ehe der Geduldsfaden der Wärterin endgültig reißt.

Den Weg über den Pass nach Florenz haben wir unterschätzt. Die Bremsen stinken, die Stimmung ist gereizt, dem Kind ist schlecht, und überdies ist es viel zu kalt für Italien. Dann geht an der steilsten Stelle das Benzin aus, weil ich beim Tanken nicht auf Nummer sicher gegangen war. Ulli sagt nichts, obwohl ich es deutlich hören kann. Auf jeder Reise kommt man an diesen Punkt, an dem man sich fragt, warum machst du das überhaupt? Warum nimmst du diese ganze Mühe auf dich, um irgendeinem Traum nachzujagen? Ich bin im besten Alter, meine Freunde verdienen gut, und ich fahre mit dem Wohnwagen und knapper Kasse durch die Gegend, um Labyrinthe zu sehen. Ich werde jetzt umdrehen, meinen Beruf ausüben, ein kleines Häuschen bauen und mit meiner Familie am Wochenende wandern gehen. Ich weiß, dass ich damit sehr glücklich sein kann.

Langsam versinkt eine rotgoldene Sonne hinter der Landschaft der Toskana. Ein freundlicher Italiener hat mich zur Tankstelle mitgenommen und zurückgebracht. Die Spaghetti dampfen, und der Wein ist würzig. Die Krise, die mich kurz vors Aufgeben geführt hat, ist vorüber, und ich bin schon gespannt auf Lucca. Dort gibt es ein sehr interessantes Labyrinth.

17

Kreise schließen

Das Labyrinth von Pavia / Italien, wie es ursprünglich bestand

Du fragst:
Was ist nun in der Mitte?

Alles.

Wie und aus welcher Motivation das Labyrinth auf eine Eingangssäule vor dem Dom von Lucca gekommen ist, weiß niemand mehr. Es ist in Gesichtshöhe angebracht, hat einen Durchmesser von 50 Zentimeter und die gleiche Form und das gleiche Alter wie das Labyrinth von Chartres. Es ist aus einer Steinplatte herausgemeißelt, sodass man den Weg mit dem Finger nachfahren kann. Seit dem 13. Jahrhundert haben das wohl schon einige Millionen Menschen gemacht. Ich beobachte zwei Engländerinnen, wie sie langsam und immer wieder auflachend ihre Finger durch die alten Steinfurchen gleiten lassen. Hannah will es auch probieren. Ich versuche den lateinischen Text neben dem Labyrinth zu entziffern. Das große Labyrinthbuch hilft weiter.

Hier ist das Labyrinth, das Daidalos aus Kreta gebaut hat, und aus dem niemand herauskommen kann, der einmal drinnen ist, nur Theseus ist dies dank dem Knäuel der Ariadne gelungen.

Ich frage mich, warum der Theseusmythos von der Kirche integriert wurde. In Pavia wird Theseus sogar in einer Reihe mit David und Goliath dargestellt, als wäre Theseus ein alttestamentarischer Held. Vielleicht weiß ich mehr, wenn ich Pavia gesehen habe.

Während Hannah mit ihren kleinen Fingern noch einmal durch das Labyrinth fährt, verwirrt mich mein anerzogenes Denken. Wieso soll da eigentlich niemand herauskommen, wenn es ohnehin nur einen Weg gibt? Bild und Text passen nicht zusammen, es ist unlogisch. Ich bin im Falsch-richtig-Zeitalter aufgewachsen, da passt so etwas nicht. Denn wir leben im Zeitalter des Irrgartens. Davor lebten die Menschen im Zeitalter des Labyrinths – für sie war die Einheit von diesem Bild und Text vermutlich kein Problem. Mein gotischer Engel lächelt und sagt: „Da stehst du nun, du gebildeter Mensch des 20. Jahrhunderts, und kapierst es nicht."

In Pontremoli gibt es ein Labyrinth, das fast genauso aussieht. Als unser Labyrinthreisebuch gedruckt wurde, befand es sich noch im Schloss am Hügel über der Altstadt. Deswegen brauchen wir eine Weile, bis wir es tatsächlich finden. Es ist wieder in die Kirche San Pietro zurückgekehrt, die bei einem Bombenangriff im Zweiten Weltkrieg völlig zerstört worden war. Die Kirche und das dazugehörige Kloster waren eine berühmte Pilgerstation für Pilger nach Rom und Santiago. Eine neue Kirche wurde nun wieder errichtet und der Labyrinthstein, das einzige Überbleibsel der alten Anlage, im Innenbereich aufgehängt. In der Mitte ist kein Minotauroskampf, sondern das Christusmonogramm zu sehen. Christus ist der wahre Theseus, der das Ungeheuer im Labyrinth unserer Seele besiegt. Vielleicht ist es diese Verbindung, die dem Theseusmythos den Einzug in die kirchliche Tradition erlaubte.

Der graue Stein auf der frisch verputzen Wand erinnert mich an den Satz „Man kann keinen jungen Wein in alte Schläuche füllen". Auch umgekehrt geht es nicht. In Lucca meinte ich den Klang des Steinmetzes noch zu hören, der das Labyrinth herausmeißelt, ich sah in den Fingern meiner Tochter tausende Finger genau dasselbe tun. Hier aber klebt ein alter Stein würdelos an einer viel zu weißen Wand und wird wahrscheinlich seine Geschichten erst wieder erzählen, wenn man ihm einen Platz gibt, der seinem Alter angemessen ist.

Wir möchten am gleichen Tag noch nach Pavia. Die Kirche ist geschlossen, wir lassen uns in einem benachbarten Café nieder. Als wir noch einmal vorbeigehen, ist das Tor offen, der Küster geht gerade mit einer Leiter nach hinten. Ich versuche erneut mein schlechtes Italienisch. Ja, das Labyrinth sei dort oben. Ja, ich könne auch die Leiter haben, um es von oben besser betrachten zu können. Wie viele Faxe, Übersetzungen, Anträge, Bestätigungen und Telefonate hätte es wohl gebraucht, wenn ich das im Voraus hätte arrangieren wollen. So ist in Sekunden alles erledigt, und ich stehe auf einer wackeligen, aber hohen Stehleiter, sechs Meter über dem vermutlich ältesten begehbaren Kirchenlabyrinth der Welt. Es ist in der Mosaikeinlegetechnik gearbeitet und zeigt bereits das gotische Muster. Alles deutet darauf hin, dass es in der ersten Hälfte des 11. Jahrhunderts gebaut wurde. Leider ist ein Teil des Labyrinths bei einer Bodenrenovierung im 16. Jahrhundert zerstört worden. Trotzdem strahlt es immer noch den Zauber seiner Geschichte aus, und nachdem es eine Zeichnung aus der Zeit gibt, in der es noch vollständig war, hoffe ich, dass es eines Tages wiederhergestellt wird.

Wir haben viel gesehen und sicher auch vieles übersehen, viel gehört und vermutlich wenig verstanden. Diese Reise zählt zu den schönsten Erfahrungen meines Lebens: die Reise von Labyrinth zu Labyrinth, von Weg zu Weg, von Mitte zu Mitte.

Der Wohnwagen wird zurückgegeben, und wir ziehen in feste Wände. Ich ordne Fotos und schreibe Texte. Immer wieder hole ich Papier und Bleistift hervor und konstruiere Labyrinthe. Es ist das, was mich am meisten lockt – ein Labyrinth selbst zu bauen und zu sehen, was passiert, wenn Leute darauf gehen.

Ein paar Tage nach unserer Rückkehr schließt sich für mich noch ein Kreis. Seit dem Anfang der Reise war ich auf der Suche nach einem Labyrinthschmuckstück. Ich war in unzähligen Schmuck- und Silberläden in Strasbourg, London, Glastonbury, Köln, Ravenna und Florenz. In einem winzig kleinen Indianerschmuckladen finde ich dann endlich das gesuchte Stück. Das Geschäft liegt praktisch vor meiner Haustür.

18

Der erste Bau

Der tanzende Jakob

Was immer das Leben bringen mag:
Vergiss den Tanz der Freude nicht.

Reinhold Stecher

In Innsbruck findet eine Gartenschau statt. Ich werde eingeladen, den Entwurf, den ich für den Innsbrucker Domplatz gemacht habe, probeweise auf einer Wiese aufzulegen. Ich verwende Bodenplatten und Blumen. Ein Labyrinth zu bauen ist immer eine Materialschlacht. Es geht ja schließlich darum, den längsten Weg auf kleinstem Raum unterzubringen. Die Platzverhältnisse geben einen Durchmesser von zehn Metern für das Labyrinth vor. Ich brauche fast fünfhundert Platten, und es dauert einen ganzen Tag, um sie aufzulegen, einzurichten und immer wieder zurechtzurücken. Aber ich versinke in dieser Arbeit und genieße sie in jedem Augenblick. Platte um Platte entsteht ein Weg, der sich langsam zu einem Ganzen formt. Bruchstücke fügen sich zu einem Bild, ein Gemälde am Boden entsteht.

Als das Labyrinth fertig ist, möchte ich es von oben sehen. Im nahen Schulgebäude finde ich eine große Stehleiter. In der letzten Dämmerung schleppe ich sie zum Labyrinth und klettere hinauf. Ich bin sehr zufrieden, es sieht wunderbar aus, vor allem aus der Vogelperspektive – oder besser gesagt: aus dem Blickwinkel der Engel.

In den nächsten Tagen sitze ich stundenlang neben dem Labyrinth und beobachte Kinder und Pensionäre, einzelne und Gruppen, Frauen und Männer. Ich denke mir zuerst Statistiken aus. Gehen mehr Männer oder Frauen? Wie viel Prozent der Kinder, die vorbeigehen, gehen auch hinein? Sogar etwas umständlichere Überlegungen versuche ich zu erfassen: Wie hoch ist der Anteil von Männern im Vergleich zu Frauen, die den Weg, wenn sie zur Mitte gegangen sind, nicht zurück-, sondern direkt hinausgehen? oder: Gibt es irgendeine Beziehung zwischen der Häufigkeit, mit der jemand durch das Labyrinth geht, mit seinem oder ihrem Alter? – Bald verliere ich aber das Interesse an wissenschaftlichen Methoden. Kaum habe ich eine Vermutung, wird sie schon widerlegt. Es scheint keine auffallenden allgemeinen Regeln zu geben, viel eher sind es einzelne Ereignisse, die mir immer mehr vom Geheimnis des Labyrinths offenbaren.

Mit der Zeit fällt mir auf, dass sich in der Mitte oft etwas Besonderes ereignet. Ich höre einen Seufzer oder sehe ein strahlendes Gesicht, jemand reißt die Arme hoch, ein anderer beugt sich hinunter. Ich habe die Mitte in diesem Labyrinth recht klein gemacht, bald weiß ich, dass sie zu klein ist.

Die Mitte. Die vergessene Mitte. Die verlorene Mitte. Die wieder gefundene Mitte. Das Geschenk der Mitte. Fast erstaunt stelle ich fest, wie wenig ich darüber bisher nachgedacht habe. Gleichzeitig bemerke ich, dass ich doch unbewusst ständig nach der Mitte in den Dingen und in meinem Tun suche.

Mir kommt der Gedanke, dass eigentlich ja auch mein Körper eine Mitte haben müsste. Ich klopfe mit meinen Fingern Brust und Bauch ab. Es dauert lange, bis ich den Eindruck habe, dass ich den Ort gefunden habe, wo ich die Mitte meines Körpers spüren kann.

Später frage ich mich, wo eigentlich der Mittelpunkt meiner Wohnung ist. Zuerst habe ich keine Ahnung, erst Tage später wird es mir klar, und dann weiß ich auch, warum ich ihn so lange nicht gefunden habe. Es ist die Mitte unseres Esstisches. Aber er stand am falschen Platz, ganz am äußeren Rand der Wohnung. Jetzt steht er richtig und markiert die symbolische Mitte unserer Wohnung.

Auch in fast jeder Stadt ist ein Mittelpunkt. Meistens ist er sogar markiert und von manchen Stadtgründern auch sehr bewusst an einem bestimmten Ort festgelegt worden. Ich lese dann auch in einem Buch, dass alte Kulturen einen Ort festlegten, den sie *Axis mundi* nannten, die Mitte der Welt, der Punkt, an dem die Weltachse durchgeht.

Viele Wege machen nur dann einen Sinn, wenn sie zu einer Mitte führen. Wobei die Erfahrung, irgendwo eindeutig anzukommen, gar nicht so häufig ist. Meistens fehlt doch noch etwas. So vieles im Leben ist eher mit einer Perlenkette von Zielen zu vergleichen. Kaum hat man ein kleines Ziel erreicht, sieht man das, was noch nicht erreicht ist, die nächste Perle, und schon muss man weitermarschieren.

Diese Unsicherheit hat einen großen Nachteil. Ich komme nicht dazu, mich zu freuen, das erreichte Ziel zu feiern. Selten nehme ich mir die Zeit, das Erreichte hochleben zu lassen. Manchmal scheint mir, dass Freude auch etwas mit Disziplin zu tun hat. Mit der Disziplin, innezuhalten und zu feiern, bevor man weitereilt.

Es gibt im Leben aber auch eindeutige Ankünfte: eine Geburt, eine bestandene Prüfung, einen Vertragsabschluss, eine Hochzeit, einen runden Geburtstag, die Pensionierung, der Tod. Das sind Ereignisse, in denen das Erreichen einer Mitte wirklich spürbar ist.

Wer ein Labyrinth begeht, verdichtet in gewisser Weise diese Erfahrung. Das Labyrinth ist immer eindeutig. Die Mitte des Labyrinths ist ohne Zerteilung, ohne irgendeinen fehlenden Rest. Das scheint der Grund zu sein, warum die Mitte eines Labyrinths so besonders genossen wird. Es ist, als ob man heiligen Boden betreten würde. Kaum einer will diese Mitte gleich wieder verlassen. Viele bleiben so lange wie möglich.

Wenn ich die Mitte erreicht habe, liegt der Weg, den ich gegangen bin, um mich herum. Ich habe zwar ständig das Zentrum umkreist, es aber doch erst am Ende betreten. Alle Randerfahrungen und Grenzerlebnisse sind vorüber, aber noch im Blickfeld. Ich sehe den Weg im Überblick und sehe, dass alle Abschnitte nun vollkommen zentriert sind. Diese Vollkommenheit berührt, die Mitte strahlt eine große Geborgenheit und Zufriedenheit aus. Das ist so erleichternd und so schön, dass ich oft gar nicht glauben kann, dass sich darin das eigene Leben und der Lauf der Welt spiegeln sollen. Ich ertappe mich bei dem Gedanken „Ich wünschte, es wäre wirklich so!" Und doch ahne ich, dass es stimmt. Ich weiß, dass die eigene Seele, die Erde, das ganze Universum eine Mitte hat. Das Wissen um die Mitte ist gleichsam eine unauslöschliche Urerinnerung. Ich glaube, dass jeder Mensch dieses Wissen grundsätzlich in sich trägt.

Ich sitze auf der Bank neben dem „Tanzenden Jakob" und sortiere meine Prospekte. Es ist ein warmer Badetag, die Besucher der Gartenschau werden erst gegen Abend kommen. Halb im Gesichtsfeld sehe ich meine zweijährige Tochter, wie sie konzentriert die Bahnen des Labyrinths geht. In der Mitte angekommen, setzt sie sich auf den Mittelstein, hebt ihre kleinen Hände in die Höhe und sagt ein einziges Wort:

„Ich."

Mir läuft die Gänsehaut über den Nacken. Für einen Augenblick saß dieses kleine Kind im Zentrum des Universums.

19

Das Sonnenrad

Das Sonnenrad im Stadtpark von Innsbruck

Im Labyrinth spiegelt sich
etwas von den tiefen Wahrheiten
des Universums, in dem wir alle leben.

Ein Jahr später bin ich wieder auf dieser Gartenschau. Diesmal baue ich ein anderes Labyrinth. Ein klassisches, kretisches Labyrinth mit der einen Abänderung, dass es auf konzentrischen Kreisen aufgebaut ist. Diesmal möchte ich eine große Mitte, und das geht nur, wenn ich dem Kreis den Vortritt vor dem Quadrat gebe. Damit verliert das Quadrat, das sich über die Mitte des Labyrinths legen lässt, seine Form und wird zum Parallelogramm.

Kreis und Quadrat sind im klassischen Labyrinth gleichwertig miteinander verbunden. Wenn man die Form zugunsten des einen verändert, verliert das andere. Auch das ist ein Spiegel für vieles im Leben.

Diesmal misst mein Labyrinth zwölf Meter im Durchmesser und hat sieben Umgänge. Die Begrenzung mache ich aus mit Holzpalisaden eingefassten Blumenbeeten, die mit gelben und orangen Blumen bepflanzt werden – leuchtend wie ein Sonnenrad.

In die Mitte muss etwas Besonderes. Ein bequemer Platz zum Niederlassen, viel weicher Rindenmulch und so etwas wie eine minimal angedeutete Bank. Aber noch ein anderer Gedanke hat mich fasziniert. In der Mitte findet auch die Begegnung mit dem Minotauros statt, die Auseinandersetzung mit sich selbst, der Kampf mit den äußeren und inneren Ungeheuern. Ein Spiegel wäre schön, vielleicht sogar mit der Aufschrift: „Dies ist der Minotaurus", wie ich es in einem Spiegellabyrinth einmal gesehen habe. Ich finde eine Lösung, die mir gefällt. Ich lege eine goldspiegelnde Messingscheibe in die Mitte. Auf den Spruch verzichte ist. Zu sehr erinnere ich mich noch an das letzte Jahr und wie viele die Mitte als Wohltat empfunden haben. Ich will dieses Erleben nicht durch eine Provokation stören. In diesem Labyrinth soll ein goldener Spiegel wie eine kleine Sonne liegen. Wer die Mitte erreicht, wird von angenehmer Wärme begrüßt. Der Himmel soll sich reflektieren und das helle Licht der echten Sonne.

Wenn ich will, kann ich ja immer noch am Eingang stehen und sagen:

„Gehen Sie zur Mitte und betrachten Sie dort das schreckliche Bild des Minotauros."

Aber das mache ich dann nicht oft.

Wieder verbringe ich Stunden auf der Bank neben dem Labyrinth. Ein Vater sagt lächelnd „ja", als sein dreijähriger Sohn bittend sagt: „Noch zehn Mal!"

Niemand, auch ich nicht, hätte erwartet, dass diese Zahl wörtlich gemeint sein könnte. Immerhin ist der Weg einmal zur Mitte und zurück 350 Meter lang. Bereits nach dem dritten Mal beginnt der Vater ungeduldig zu werden. Beim fünften Mal bietet er dem Sohn ein Eis an. Gott sei Dank schnappt er den Buben nicht einfach. Nach über einer Stunde kommt ein erschöpfter Bub zum letzten Mal zum Ausgang mit dem glückstrahlenden Gesicht eines Helden, der sein Werk vollbracht hat. Was hat ihn eigentlich so lange bei dieser äußerst anstrengenden Tätigkeit gehalten?

Im Vergleich dazu sehe ich einige Erwachsene, die an der zweiten oder dritten Kehre aufgeben und über das Beet wieder aus dem Labyrinth heraussteigen. Es dauert ihnen zu lange. Einmal steigt ein Mann nur ein paar Meter vor der Mitte heraus, weil ihm jemand zuruft „Da findest du ja nie hinein".

Es tut innerlich richtiggehend weh, mitzuerleben, wie jemand so knapp vor dem Ziel, das er mit ein paar Schritten mühelos erreicht hätte, aufgibt. Wie oft mag das wohl auch im Leben so geschehen? Viele gehen nicht hinein, weil sie Angst haben, sich zu verirren. Zu stark ist die Vorstellung, dass alles, was Labyrinth heißt, auch ein Irrgarten sein muss. Ich habe den Plan an den Eingang geheftet und groß daraufgeschrieben. „Hier kann man sich nicht verirren." Aber das überzeugt niemanden, der Angst hat, etwas falsch machen zu können.

Im Laufe dieser Tage neben dem Labyrinth sehe ich viele, die am Rand stehen, die mit den Augen oder dem Finger die Mitte zu finden versuchen. Ich sehe auch Jugendliche die Wettrennen machen, einen fein gekleideten Mann, der während des Gehens seine Telefongespräche erledigt, händchenhaltende Pärchen, alte Herrschaften mit Stock, die es sich nicht nehmen lassen, den in diesem Fall doch recht engen Weg ganz auszugehen. Ich sehe viele Kinder und sogar einen Pudel, der Gefallen am Labyrinth zu haben scheint. Und für mich anfangs überraschend oft auch Personen, die das Labyrinth schon von woanders kennen und sagen: „Oh, das ist ja ein richtiges Labyrinth!"

Bald gibt es auch Dauergäste. Eine Gruppe älterer Kinder, die täglich vorbeikommen, durchrennen, mir beim Blumengießen helfen und mich nach allen möglichen Dingen über das Labyrinth ausfragen.

Das Labyrinth ist ein Menschheitssymbol. Es kennt keine Altersgrenzen, keine Hautfarben, keine Glaubensbekenntnisse. Es spiegelt etwas von den tiefen Wahrheiten des Universums, in dem wir alle leben.

Irgendwann kommt eine Familie aus Indien vorbei, und im Gespräch erfahre ich, dass sie das Labyrinth auch aus der Umgebung ihrer Heimatstadt kennen. Ich zeige ihnen alles, was ich über indische Labyrinthe habe. Die Labyrinthe, die sie kennen sind nicht darunter. Es ist nicht das erste und letzte Mal, dass ich den Eindruck habe, dass es in Indien noch einige bisher nicht dokumentierte alte Labyrinthe zu entdecken gibt.

Leider kann ich keine Forschungsreise nach Indien machen, aber mein Entschluss steht fest: demnächst nach Basel zu fahren, um wenigstens alles, was schon einmal dokumentiert wurde, wieder auszugraben – Carl Schusters gesammelte Schätze.

20

Das Archiv in Basel

„Man in the Maze" – das Labyrinth der Indianer

Das Labyrinth zieht eine faszinierende Spur durch die Geschichte der Menschheit und die verschiedensten Kulturen der Welt.

Seit ich das erste Mal davon gehört habe, weiß ich, dass ich dorthin muss; jetzt ist es so weit. Die Anrufe im Völkerkundemuseum in Basel bringen wenig Information. Es gibt dort einen Raum, in dem das ganze Material von Carl Schuster, unter anderem seine Labyrinthfotos, gelagert ist. Es ist zwar alles geordnet – aber bisher hat noch niemand Carl Schusters Ordnungssystem durchschaut.

„In kurzer Zeit werden Sie da nichts finden, allein lassen wir Sie nicht hinein, und ich habe keine Zeit, Sie zu begleiten", das ist gewissermaßen die Standardauskunft, die ich erhalte. Doch ich habe die Erfahrung gemacht, dass gewisse Dinge sich immer erst vor Ort klären lassen, und so stehe ich eines Tages an der Tür des Museums.

Zuerst leihe ich mir in der Bibliothek das zwölfbändige Werk von Schuster aus, das Ed Carpenter herausgegeben hatte. Auf mehreren Seiten entdecke ich Fotos und Berichte von Labyrinthen aus der ganzen Welt. Die Labyrinthe der Hopi-Indianer in Neu-Mexiko und die aufgelegten Steinlabyrinthe in der Sonora-Wüste in Mexiko faszinieren mich besonders. Welche Funktion hatte das Labyrinth bei den Indianern?

Ich schreibe mir die Nummern der Bilder, 331 bis 340, heraus, und gehe zum zuständigen Professor.

„Sie werden sehen, wir finden es nicht", sagt er. Dennoch zieht er den Schlüssel heraus, marschiert über den Flur und sperrt den Schuster-Raum auf. Der Raum ist klein und freundlich und voll gefüllt mit Hängeregistraturen und Schubladenkästen.

„Sehen Sie, unter den entsprechenden Nummern befinden sich hier ganz andere Fotos", sagt er und zieht eine Mappe heraus.

„Darf ich eine Stunde suchen", bettele ich ihn, „ich glaube, ich finde sie, bitte."

Ich spüre fast körperlich, wie meine Hoffnung, die Originalfotos zu sehen, auf Messers Schneide steht. Schickt er mich weg oder nicht?

„Ich finde sie", sage ich noch einmal, und er entgegnet: „Gut, eine Stunde, höchstens."

Alles in diesem Raum wirkt perfekt geordnet – ich muss nur hinter das System kommen. Ich ziehe eine Schublade heraus und blättere in tausend Negativen. Was für ein faszinierender Forscher, der diese ungewöhnliche Herangehensweise verfolgte, die Symbole weit auseinander liegender Kulturen miteinander zu vergleichen. Dabei sammelte er unglaublich viel Fotomaterial: unzählige, einzigartige Schätze. Beinahe wäre seine ganze Arbeit untergegangen.

Natürlich kann ich in einer Stunde nicht 30 000 Negative durchschauen; jetzt brauche ich etwas Glück. Langsam gehe ich um die aufgebauten Kästen herum, lasse die Finger über die Fächer gleiten.

Im zwölfbändigen Werk befindet sich das Kapitel über die Labyrinthe in der Mitte des zehnten Bandes. Ich versuche einen Überblick über die gesamten Ordner zu bekommen und beginne zu rechnen: Wenn hier der Anfang des Materials ist und dort das Ende, dann müssten die Bilder aus der Mitte des zehnten Bandes im Verhältnis dazu an dieser Stelle sein. Gespannt ziehe ich die entsprechende Mappe aus der Hängeregistratur – es sind die Fotos, die sich im Buch direkt vor den Labyrinthen befinden. Ich stelle die Mappe zurück und nehme die nächste. Mit einem Mal bin ich von dieser aufgeregten, freudigen Spannung erfüllt, die ich oft auch beim letzten Schritt in die Mitte eines Labyrinths spüre. Ich schlage die Mappe auf. Da sind sie, ich habe sie gefunden.

Der Professor kommt und staunt: „Wie haben Sie das geschafft?"

Manches Mal löst sich etwas ganz einfach, das wie ein schwieriger Knoten ausgesehen hatte. Vor mir liegen Fotos aus fremden Welten. Die Geschichten, die dahinter liegen, kann ich allenfalls erahnen. Wurden die Labyrinthe für Initiationsrituale verwendet? Vor allem die Fotos der nordamerikanischen Indianerlabyrinthe und die Steinlabyrinthe in Indien faszinieren mich. War das Labyrinth auch bei den Indianern das Symbol des Lebens, in dem viele Grundwahrheiten verborgen sind? Wurde es zu Tänzen verwendet wie in Europa, oder für geheime Rituale? Ist seine Tradition bei ihnen heute noch lebendig? Mein Forscherherz beginnt heftig zu schlagen, und ich sehe mich schon durch die einsamen Hochebenen zwischen Utah und Mexiko ziehen auf der Suche nach den Geheimnissen des Labyrinths, mit einem Motorrad durch Indien fahren, mich tausendfach durchfragend, bis ich vor alten Steinkreisen und Tempelgravuren stehe.

Ich wähle die interessantesten Fotos aus und bekomme die Erlaubnis, sie zu veröffentlichen. Die Expedition zu den Indianern und Indern verschiebe ich auf später.

21

Die Reise nach Chartres

Labyrinth in der Kathedrale von Chartres / Frankreich

Vieles entfaltet seine Schönheit erst,
wenn es von oben betrachtet wird.

Eigentlich weiß ich nicht, warum wir Chartres auf unserer Reise durch Frankreich ausgelassen haben. Dort ist das wichtigste Kirchenlabyrinth der Gotik, so etwas wie die Mutter des mittelalterlichen Labyrinths. Immer wieder habe ich Erzählungen von dieser Kirche und ihrem Labyrinth gehört. Ich las Bücher über die Kathedrale, und mir fiel auf, dass auf irgendeine Weise jeder ins Schwärmen gerät, der davon erzählt. Chartres muss ein ganz besonderer Ort sein.

Ich kann nicht einfach hinfahren, in die Kathedrale gehen, eine Führung mitmachen, das Labyrinth fotografieren und wieder abreisen. Ich kann diesen Ort nicht behandeln, als sei er einer unter vielen. Ich nehme mir also eine ganze Woche Zeit. Ich fahre nach Paris. Und von dort aus will ich zu Fuß gehen. In Paris wohne ich in einem Hotel gleich bei der Kathedrale von Notre Dame. Sie ist der Startpunkt meiner Reise. Es ist interessant, aus einer Großstadt hinaus zu wandern! Zuerst ist da die Altstadt, dann die Bürgerviertel, dann Wohnsilos, dann die Vororte. Dazwischen kleine Parks, ein wenig Industrie und viele Autos. Noch nie habe ich den Organismus einer Großstadt auf diese Weise erlebt. Fast überraschend plötzlich lasse ich sie hinter mir und bin draußen in einem stillen Wald. Auf sich abwechselnden Wald- und Feldwegen und kleinen Straßenstücken ist das Wandern angenehm. Ich komme an Versailles vorbei, eine Zeit lang sind alle Wege schnurgerade, dann werden sie wieder weicher, mit leichten Kurven und Schwüngen.

Am vierten Tag gehe ich auf ein Eisenkreuz zu, das einsam in einem großen Kornfeld an einer etwas erhöhten Stelle steht. Ich ahne, was es bedeutet, und spüre die Spannung und Freude in mir aufsteigen. Ich habe richtig geraten. Als ich das Kreuz erreiche, taucht vor meinen Augen am Horizont erstmals die Kathedrale von Chartres auf. Sie ragt ein wenig über das Kornfeld. Noch ist es ein weiter Weg, gut 20 Kilometer, aber das Herz ist leichter geworden und damit auch Rucksack und Füße.

Lange wandere ich ein Flusstal entlang, das weit in die Stadt Chartres hineinführt. Schließlich steige ich über viele Treppenstufen den Hügel hinauf, auf dem die einzige Kathedrale der Gotik steht, die nie zerstört oder umgebaut wurde. Über achtzig Prozent der Glasfenster bestehen noch aus der Originalverglasung des 13. Jahrhunderts.

Ich sitze noch keine fünf Minuten verschwitzt und glücklich am Gitter vor dem Eingang, da begrüßt mich jemand auf Deutsch. Ein Pfarrer, den ich kenne, ist mit einer Reisegruppe da. Sie bekommen gerade eine der ganz seltenen „Luftführungen“: Dabei gehen Besucher auf den Wegen an der Außenfassade, die beim Bau für die Glaser und Maurer angelegt wurden. Ich darf mich anschließen – was für ein perfektes Zusammentreffen. Bevor ich in das Innere gehe, erlebe ich die Kathedrale hautnah von außen. Ich staune über die Pfeilertechnik und die bis ins Detail reichende Schönheit.

Der Führer zeigt uns Figuren am Dom, die von keiner Stelle vom Boden aus gesehen werden können. Die Baumeister schufen ein Gesamtkunstwerk zuerst zu Gottes Ehre und erst dann zur Freude und Erbauung der Menschen – und Gott sieht bekanntlich überall hin. Ich drücke meine Nase an ein buntes Kirchenfenster, erhasche einen silhouettenhaften Eindruck vom Inneren und lausche der Erklärung zu der einzigartigen Glasfärbetechnik.

Es trifft mich völlig unerwartet, dass wir auch in das Dachgewölbe hinein gehen. Nach einem Brand wurde es als Stahlkonstruktion erneuert. Ich spüre mein Herz klopfen: Ich weiß, dass sich im Gewölbe unter dem Holzsteg ein Loch befindet, fast direkt über dem Labyrinth. Von dort kann man aus 37 Meter Höhe auf das Labyrinth hinab blicken. – Ein französischer Führer geht, ein Schlüsselbund in der Hand, am Ende der Reisegruppe. Ich spreche ihn an und frage ihn, ob ich hinabsteigen und hinunter schauen darf, vielleicht sogar ein Foto machen. Er muss gespürt haben, wie wichtig mir dieser Blick durch das Loch ist, denn er lässt sich darauf ein.

Als die Gruppe in den Stiegen der Türme verschwunden ist, darf ich eine kleine Leiter hinunter und von oben auf das Gewölbe steigen. Der Führer überprüft, ob sich irgendetwas an mir befindet, das herausfallen könnte, wenn ich mich über das Loch beuge. Mit einem ernsten Schmunzeln sagt er:

„Wenn dir irgendetwas hinunterfällt, warst du der Letzte, der da durchschauen durfte."

Dann zieht er den Holzdeckel weg. Ich fange ein wenig an zu zittern, so aufgeregt bin ich. Dann blicke ich nach unten. Wie ein goldenes Medaillon liegt das Labyrinth unter mir. Senkrecht von oben betrachtet wirken die Menschen darauf klein wie Ameisen. Ich versinke in einen Moment gespannten Schauens, aus der mich das Tippen des Führers an meinen Fuß viel zu schnell wieder herausholt. Wir müssen zur Gruppe. Aus dem faszinierten Betrachten wird wieder zittrige Aufregung, als ich den Fotoapparat unter meinem Bauch hervornudeln muss. Dreimal überprüfe ich, ob der Riemen um den Hals liegt. Die Belichtungszeit ist lang und die Hände nicht ruhig. Alle Fotos, die ich mache, werden sich später als verwackelt herausstellen; aber in mir wird dieses Bild immer gestochen scharf bleiben.

22

Der Nabel der Welt

Modernes Labyrinth

Das Labyrinth
ist das erste Zentrum
des Menschen.
Die Mitte des Bauches,
der Nabel der Welt.

„Willst du morgen mit uns in der Unterkirche an einer Meditation teilnehmen?“, fragt mich mein Freund, der Pfarrer. Die Vorstellung gefällt mir: Ich nähere mich der Kathedrale von außen und von unten. Die kerzenerfüllte Unterkirche mit ihrem Brunnen aus vorchristlicher Druidenzeit und der schwarzen Madonna empfinde ich als starke Erdung. Ich weiß, Kirchen wurden oft auf solchen alten Orten voller Kraft gebaut, aber in Chartres scheint alles doppelt so stark zu wirken wie anderswo.

Als ich wieder oben bin und mich gerade für den Eintritt in das Innere der Kirche bereitmache, gerate ich in eine Führung zum Westportal. Der österreichische Spezialist für Chartres, der schon 20 Jahre lang hier lebt, beeindruckt mich. Er verbindet Wissenschaft und Mythologie, Symbolverständnis und Geschichte scheinbar mühelos und genial miteinander. Nachdem mir nun auch das Portal erklärt wurde, gehe ich mit dieser Führung in den Innenraum.

„Alle Maße sind bewusst gewählt. Die Abstände zwischen Tür und Labyrinth, Labyrinth und Mitte der Vierung, Vierung und Mitte des Altars sind genau gleich. Die Bereiche symbolisieren, auf den menschlichen Körper übertragen, Bauch, Herz und Kopf. Wer in der Kathedrale von hinten nach vor geht, schreitet gleichsam durch einen Körper. Der Altar steht im Zentrum des Kopfes, dort ist der Ort des Verstehens und Wissens. Manch einer will heute immer alles gleich verstehen. Aber das Geheimnis des Glaubens kann nur verstehen, wer zuerst im Labyrinth seine Emotionen ‚durchgearbeitet‘ hat, sein Leben betrachtet hat und sich gewendet hat. Danach muss er in das Herz schreiten und sich öffnen. Und erst dann kann verstanden werden, was am Altar passiert. Das ist die Botschaft, die in den Stein hinein gebaut wurde.“

Faszinierend, was sich die gotischen Baumeister alles überlegt haben. Ich entdecke wieder eine neue Seite des Labyrinths. Das Labyrinth als Zentrum des Bauches, als Nabel der Welt.

Irgendwo habe ich das schon einmal gehört; trotzdem dachte ich immer, das Labyrinth sei zuerst etwas für die Füße und dann für den Kopf. Ein Symbol, das zwar zuerst erlebt, aber dann durchdacht und verstanden werden muss. Der Bauch ist es, wo die Emotionen „gekocht" werden. Wo Kraft und Gewalt zu Hause sind, Aggression und Lust.

In meiner Vorstellung lasse ich das Labyrinth in meinen Bauch sinken, in die Windungen der Gedärme. Alles muss gewendet und durchgemengt werden, bis sich das Nahrhafte vom Unbrauchbaren trennt. Aus allem, was ich zu mir nehme, sortiert der Bauch das Gute aus, es wird zur Lebenskraft – und das Schlechte kommt zum Abfall. So betrachtet ist diese Arbeit des Bauches in allen Lebensbereichen wichtig. Ganz besonders da, wo Gutes und Schlechtes nahe beieinander liegen. Dazu gehören für mich die Bereiche Macht, Aggression und Sexualität.

Wieder freut mich die unbekümmerte Ganzheitlichkeit der Gotik. Dem Bauch gehört ein Drittel der Kirche! Lange Zeit durften die Pilger hier in diesem Bereich der Kirche auch übernachten, eine Trennung zwischen Frauen (links) und Männern (rechts) gab es dabei ursprünglich nicht. Also konnte man auch gemeinsam unter einer Decke liegen. Mich wundert, was im Laufe der Zeit in einem Kirchengebäude offenbar so alles möglich war. Und warum auch nicht. Ich würde das eigentlich auch gerne einmal tun. Vielleicht auch nur, um mit dem Körper auszudrücken, was ich im Kopf glaube. Nämlich dass Sexualität zum guten Schöpfungswerk Gottes gehört. Wahrscheinlich würde das heute viele stören. Doch in einem bin ich mir sicher: den „Hausherrn" nicht.

Die Sperrung wird weggeräumt, es wird Zeit, in einen Weg einzutreten, der vor achthundert Jahren hier gelegt wurde, um Menschen Geheimnisse des Lebensweges zu öffnen, sie einzuweihen und zu lehren.

„Für dich muss das jetzt wohl ganz etwas Besonderes sein", meint eine Bekannte zu mir. Doch immer wenn man das Besondere zu sehr erwartet, stellt es sich nicht ein. Mein Gang durch das Labyrinth bleibt bis zum Ende nüchtern. Ich weiß, dass die Pilger in Chartres, nachdem sie die Mitte erreicht hatten, geradeaus weiter nach vorn zur Mitte der Vierung gingen. Ich mache es ebenso.

„Hier ist der Ort der Kathedrale, an dem das Licht gleichmäßig von allen Seiten kommt. Das heißt, dass alle Schatten sich auflösen", hatte der Führer gesagt. Man kann nicht mehr bis ganz in die Mitte der Vierung hineingehen, denn dort steht nun der Volksaltar. Ich bleibe vor der Kniebank stehen. Unwillkürlich strecke ich die Arme nach oben. Meine Finger weisen zur Nord- und Südrosette. Ich spüre die Freiheit meines Herzens aufgehoben im Licht der Kirche. Hier ist der Ort, an dem ich nun doch das Heilige auf unbeschreibliche Weise berühren darf. In diesem Augenblick erlebe ich, dass an diesem Tag zwar das Labyrinth, nicht aber Gott geschwiegen hat.

Der Bereich der Kirche, in dem der Altar steht, ist für Gottesdienstbesucher reserviert. Das ist der Teil der Kirche, der mich an diesem Tag am wenigsten interessiert. Ich muss zurück zu „meinem" Labyrinth. Ich sitze davor, es wird gerade wieder abgesperrt, die Labyrinthgeher stören den Strom der Touristen. Ich lasse mich von der Absperrung nicht abhalten, zwei Stunden lang am Boden herumzukriechen. Im Mittelstein des Labyrinths sind in einer seltsamen Form Eisennägel eingeschlagen. Sie sollen als Befestigung einer Kupferplatte gedient haben. Aber niemand weiß Genaues darüber. Vor der Reise meinte einer meiner Freunde, dass er die Theorie von der Platte nicht glaubt, weil im ganzen Labyrinth Eisennägel eingeschlagen sind. Ich bin nun auf der Suche nach diesen Nägeln und zeichne sie in eine Grafik des Labyrinths ein. Mich überrascht die seltsame Anordnung und die unterschiedliche Größe der Nägel. Ist es die Darstellung eines Sternbildes? Im 19. Jahrhundert wurden die Bodenplatten in der Mitte des Labyrinths hochgehoben, um zu sehen, ob sich darunter etwas befindet. Gefunden wurde damals nichts, aber in dem Bereich der abgedeckt worden war, sind sicher die Nägel zwischen den Steinen verloren gegangen. Da habe ich ein schwieriges Puzzle, von dem womöglich noch die Hälfte fehlt. Bis heute weiß ich keine Antwort auf dieses Rätsel der Nägel.

Früh am nächsten Tag bin ich wieder in der Kathedrale. Ich beobachte Menschen, die durch die Kirche und über das Labyrinth gehen, ohne von diesem seltsamen Weg am Boden etwas zu bemerken. Ich sehe ein Hochzeitspaar in der Mitte stehen; eine Nonne, die in der Mitte niederkniet. Freundinnen schreiten Hand in Hand den Weg ab, und eine Tänzerin scheint den Weg leichtfüßig abzufliegen. Ein Mann steht an der Seite und fährt die Linien mit dem Finger nach.

Immer mehr Touristengruppen kommen, ein Wärter, den ich den „Absperrungsbeauftragten" nenne, beendet die Möglichkeit, das Labyrinth abzugehen. Stundenlang schlendere ich durch den riesigen Innenraum der Kathedrale. Es gibt nicht viele Kirchen, in denen man einen ganzen Tag verbringen kann, aber in Chartres finde ich bei aller Erhabenheit und Größe eine sehr wohnliche Atmosphäre. Nichts erschlägt oder bedrückt mich hier. Vielleicht hatten die Erbauer dieser Kirche ein Wissen darum, wie ein guter Raum für die Seele beschaffen sein muss, sie haben nichts ausgelassen, halbiert oder ignoriert. Sicher wussten sie vieles, was heute wieder vergessen ist.

Ich verbeuge mich nach allen Seiten vor den Handwerkern, Glasern, Steinmetzen und Architekten und dem Menschen, der die Idee hatte, das Labyrinth hier einzubauen. Mitten in meiner langsamen Verabschiedung von diesem wunderbaren Haus fragt jemand:

„Willst du noch einmal hinauf?"

Ich kann mein Glück kaum fassen; der Führer nimmt mich und vier andere noch einmal mit nach oben aufs Gewölbe. Diesmal bin ich nicht mehr aufgeregt, sondern einfach nur glücklich, als ich noch einmal auf das goldene Medaillon, den Nabel der Welt hinunter schauen darf. Auch die Fotos sind dieses Mal scharf geworden.

23

Zeitenreise

Ehemaliger Tanzplatz in Kaufbeuren / Deutschland

Das Labyrinth weckt die Lust,
es immer wieder neu
in Gebrauch zu nehmen,
es einzubauen in Geschichten, Spiele und Tänze.
Es weckt die Lust,
die universellen Wahrheiten zu spüren,
die sich in diesen scheinbar so einfachen Linien verbergen.

Dem Labyrinth gehörte in der Gotik ein bedeutender Platz. Es war das Zentrum des ersten Teiles der Kathedrale. Ein Einweihungsweg, ein Pilgerweg. In der Osterliturgie war es ein Tanzplatz wie das klassische Labyrinth schon dreitausend Jahre vorher. Dreihundert Jahre lang war dieser Ostertanz fester Bestandteil der jährlichen Liturgie. Dann verschwand er. Im 18. Jahrhundert wurden etliche Labyrinthe herausgerissen. Um die Jahrhundertwende zum 20. Jahrhundert wurden vereinzelt neue Labyrinthe in Kirchen gebaut. Wieder hundert Jahre lang blieb das Labyrinth unbeachtet und gewinnt jetzt neue Bedeutung. Was sind die Gründe für diese seltsame Reise des Labyrinths durch die Zeiten?

In der Zeit der Gotik versuchte man für alles, was man wusste und glaubte, einen architektonischen Ausdruck zu finden. Das war ein universales Anliegen, ein Wunsch nach Ganzheit – es ging um das ganze Wissen, das ganze Leben, den ganzen Glauben. Bauch, Herz und Kopf. Nach der Gotik beginnt, im 16. Jahrhundert, die Zeit des Buchdrucks, die Zeit des geschriebenen Wortes. Die Reformation kommt, der Humanismus und später die Aufklärung. Indem das Wort wichtig wird und damit das genaue Unterscheiden, wird das Zerteilen und die Frage nach Falsch und Richtig wichtig. Heute leben wir am Ende und Höhepunkt dieser Zeit. Das Wort hat sich ins Unendliche vermehrt. Das Internet liefert jedem nahezu alles auf den Schreibtisch: eine „Informationsflut“. In den letzten 500 Jahren wurde in unserer westlichen Kultur fast ausschließlich nur der Kopf für bedeutend gehalten. Das Herz wurde vernachlässigt, der Bauch ignoriert. Auf den Labyrinthen wurde nicht mehr getanzt, der Nabel der Welt herausgerissen.

In der Kathedrale von Chartres ist diese Einstellung deutlich zu sehen und zu spüren. Im „Kopf“ steht der Altar mit einem nichtssagenden monumentalen Marmoraufbau,

„Maria Himmelfahrt", aus dem 18. Jahrhundert. Keinem Kirchenführer ist dieser Aufbau mehr als einen Satz wert. Der Kopfbereich ist abgesperrt gegen unerwünschte Besucher. Es wirkt geradeso, als ob sich die Kleriker dort verbarrikadiert hätten. Das „Herz", die Mitte der Vierung, wo sich das Licht in vollkommener Weise vereint und die Schatten sich auflösen, kann nicht mehr betreten werden. Seit einiger Zeit steht der Volksaltar dort. Immerhin: das Zweite Vatikanische Konzil wollte die Kirche ins Herz rücken – an sich die einzig richtige Bewegung in die Zukunft. Der Volksaltar in Chartres ist aber ziemlich verwaist. Nur an hohen Festtagen wird dort eine Messe gelesen. Die prophetische Kraft des II. Vatikanums hat noch nicht überall seine ganze Wirkung entfaltet.

Und der „Bauch" ist das klassische Sorgenkind der Kathedrale. Jahrelang hat man ihn mit Stühlen zugedeckt, auf denen niemand saß, bis man den Anfragen aus aller Welt, das Labyrinth fürs Abschreiten zu öffnen, nicht mehr standhalten konnte. Jetzt sind die Stühle weg; aber das Gehen des Labyrinths ist nur an einem Tag in der Woche erlaubt, dann wird, manchmal sogar recht grob, wieder abgesperrt. Wenn man der Kirchenaufsicht so zusieht, wie sie die Sperren aufstellen und die teilweise meditativ versunkenen Labyrinthgeher abdrängen, so meint man sie sagen zu hören: Am liebsten würden wir es herausreißen, wenn uns das Denkmalamt ließe. Der Bauch und die Kirche haben eine schwierige Beziehung zueinander. Der Umgang mit Macht und Sexualität ist gefangen im Bild des Irrgartens. Bedrohlich und angsteinflößend, unsicher und verhängnisvoll. Alles ist möglichst genau in „falsch" und „richtig" eingeteilt. Entdeckte man für den Bauch und alles, was zu ihm gehört, wieder das Bild vom Labyrinths, könnte sich manche Verkrampfung in der Kirche und auch in der ganzen Gesellschaft lösen.

24

Mach's doch richtig

Entwurf für ein Gartenlabyrinth

Das Labyrinth stellt nicht die Frage:
Gehst du falsch oder richtig?
Das Labyrinth stellt die Frage:
Gehst du?

Das Leben in unserer mitteleuropäischen Kultur orientiert sich sehr streng an dem Prinzip: Richtig ist gut, falsch ist schlecht. Wer eine falsche Entscheidung trifft, macht einen unnötigen Umweg, er verliert kostbare Zeit, oder es passiert sogar etwas, das nicht wieder gutzumachen ist. Das Symbol für diese Sicht der Dinge ist der Irrgarten. Wer in die Sackgasse gerät, ist einen Weg umsonst gegangen. Der hat den Irrgarten am „besten" bewältigt, der am wenigsten Fehler macht und den richtigen Weg möglichst schnell findet. Auch unser Schulsystem beruht auf diesem Prinzip: Es geht darum, so wenige Fehler wie möglich zu machen. In der Klausur bekommen die schweren Fehler zwei rote Striche, die leichten einen. Die Zensur ergibt sich meist aus der Anzahl der gemachten Fehler. In der Schule wird man neun oder zwölf Jahre peinlich genau darauf trainiert, alles richtig zu machen. Nichts ist wichtiger in der Schule, als immer möglichst nahe an das Richtige heranzukommen – das der Lehrer vorgibt.

Die Schule bereitet vor auf die Welt – und tatsächlich ist auch in der Erwachsenenwelt vieles nach einem strengen und komplizierten System von „falsch" und „richtig" aufgebaut.

Das Labyrinth vermittelt in diesem Zusammenhang eine erstaunliche Botschaft. Es sagt: Die Frage nach Falsch oder Richtig ist unbedeutend; auf eine andere Frage kommt es an: „gehen oder stehen bleiben?" lautet sie. Der Weg im Labyrinth ist immer richtig, auch wenn die Wendung von der Mitte wegführt. Im Labyrinth gibt es keinen längeren oder kürzeren Weg. Jede Wendung muss gegangen werden, nichts kann ausgelassen werden, will man zur Mitte gelangen. Wer aber aus den Wendungen lernt, also nicht stehen bleibt, für den verwandeln sich Fehler nicht in unnütze Zeit: sie werden zu kostbaren Wegstrecken. Wunden werden zu Orten der Heilung, Krisen führen zur Lebenskraft und Irrtümer zur Weisheit.

Fehler zu machen ist nicht falsch. Ein Fehler ist keine Sackgasse und schon gar keine verlorene Zeit. Aus Fehlern nicht zu lernen, nicht weiterzugehen, stehen zu bleiben, das sind die wirklichen Irrtümer des Lebens.

Ich bin sehr skeptisch geworden gegenüber dem Satz: „Mach's doch richtig". Dieser Satz kann sogar die Wirkung eines Fluches im schlechtesten Sinn haben, weil er den anderen auf dem Weg, den er gerade geht, verunsichert oder sogar stoppen kann. Dann geschieht genau das, was nicht geschehen soll: Der andere bleibt stehen, anstatt weiterzugehen. Wie oft leiden Menschen darunter, dass ihnen immer andere sagen, was zu tun sei. Viel zu oft sind wir mit dem Anspruch konfrontiert, es anders und damit richtiger zu machen.

Das Labyrinth befreit vom Zwang, ständig in höchster Anspannung nach dem richtigen Weg suchen zu müssen. Es befreit mich dazu, so zu sein, wie ich bin. Ich muss meinen eigenen, unverwechselbaren Weg gehen, und ich muss in meinem Labyrinth jede Wendung mitgehen, um zur Mitte zu kommen.

Wenn jemand mich fragt: „Wie geht man ein Labyrinth richtig?", ist meine Antwort immer: „Es gibt kein richtiges oder falsches Gehen im Labyrinth. So wie du es gehst, ist es richtig." Es gibt kein zu schnell oder zu langsam, keine zwei oder drei Schritte vor und einen zurück, keine zu offene oder zu in-sich-gekehrte Haltung. Es gibt keinen besseren und schlechteren Weg zur Mitte. Es gibt nur einen, der gegangen wird, oder einen, der nicht gegangen wird.

Das Labyrinth ist für mich eine Einladung in ein Grundvertrauen. In das Vertrauen, dass mein Leben einen guten

Weg gegangen ist und geht. Die täglichen Vorschriften – so sollte man es eigentlich richtig machen –, können wir zur Seite legen. Ich glaube nicht daran, dass mein Leben in einem verwirrenden, gemeinen Irrgarten eingesperrt ist, in dem hinter jeder falschen Abzweigung einer sitzt, der sich über meine Dummheit lustig macht. Ich glaube an einen Weg, den ich so gehen muss, wie ich ihn gehe. Damit glaube ich letztlich an den großen Widerspruch, das große Paradox, das große Geheimnis des Lebens, dass ich einerseits als Mensch vollkommen frei bin, dass ich ganz ich sein darf, einmalig und unaustauschbar; und dass ich dabei doch ganz geborgen und geleitet bin, ganz eingebettet in einen sicheren Weg. Das Labyrinth ist kein Weg der Einengung, sondern der Freiheit. Es ist die Freiheit, das Leben nicht neu erfinden zu müssen und doch so zu gehen wie keiner vor mir und nach mir.

25

Die Grenzen der Worte

Westrosette in Chartres

Manche Predigten
sind am besten,
wenn nichts gesagt wird.

Ich sitze vor dem Westportal der Kathedrale in Chartres und überlege, wann ich wieder hierher kommen werde. Abwechselnd betrachte ich die Steinfiguren und die Leute, die als Letzte vor dem Zusperren herauskommen. In unterschiedlichen Hautfarben und Gesichtszügen spiegelt sich die halbe Welt. Über den Eingangstüren ist die Geschichte Jesu dargestellt. Seine Geburt, sein Lebensweg bis zu seiner Wiederkunft am Ende der Zeiten. Mein Blick wandert über das langsam ins goldene Abendlicht getauchte Portal hinauf zur Westrosette. Wie eine riesige Blume leuchtet sie über mir.

Ich bewundere die Baumeister und ihren Mut, so viele Details wichtig zu nehmen. Vom Boden der Eingangstür bis zur Mitte der Westrosette sind es 31,75 Meter. Genauso lang ist die Entfernung vom Eingang zur Mitte des Labyrinths. Aber nicht nur das: die Größe der Westrosette deckt sich genau mit der Größe des Labyrinths. Das Westfenster ist das Fenster der Auferstehung. Christus in der Mitte ist umgeben von den Aposteln und Engeln, im Kreis um sie herum sind die Auferstandenen dargestellt. Der Weg des Menschen, der in den Wegen des Labyrinths ausgedrückt ist, entspricht in der Horizontalen dem Auferstehungsfenster. Das Labyrinth und das Fenster können zur Deckung gebracht werden. Hinter und über den Menschen, die ihren Lebensweg gehen, leuchtet dieses Fenster wie eine dauernde Erinnerung daran, dass sich nach diesem Leben die Erdgebundenheit des Menschen auflösen wird und er in die Auferstehung mit hineingenommen wird.

Ich liebe diese Botschaften der Bilder. In Worten kann ich vieles nicht so ausdrücken, wie ich es in mir weiß. In manchen Bildern spüre ich Dinge, für die ich nie die passenden Worte finden würde. Es gibt so vieles im Leben, für das die Sprache kein geeignetes Kommunikationsmittel ist. Vielleicht ist das auch ein Grund, warum das Labyrinth im Bewusstsein vieler Menschen gerade jetzt wieder eine Renaissance erlebt. Es gibt genug gute Worte, Predigten und Erklärungen – aber wenig Botschaften, die Kraft und Bedeutung entfalten. Das Labyrinth, die Glasfenster, die ganze Architektur bringt Dinge zum Ausdruck, für die Worte nicht geeignet sind. Ein Symbol ist wie eine geheime Weltsprache, die von jedem verstanden wird, egal in welcher Denkweise oder in welcher Muttersprache man aufgewachsen ist.

Der Zug fährt mich ins Dunkel der Nacht hinaus. Der Geruch ist anders, die Geschwindigkeit, das Licht. Ohne heilige Orte in der Erinnerung, ohne die Botschaften der Bilder und Zeichen wäre das Leben trist und grau, so aber leuchtet noch lange ein angenehmes Lächeln über meiner Seele.

26

Absolut sicher

Kretische Silbermünze

Wer meint,
dass irgendetwas im Leben
vollständig kontrollierbar sei,
ist ein Fremder
in den Kulturen der Welt geworden.

Noch einige Zeit bleiben die Erfahrungen von Chartres in mir haften. Ich stelle mir die Frage, was in unserer mitteleuropäischen Kultur eigentlich nach der Gotik passiert ist. Was hat den Ostertanz beendet, den der Bischof mit den Priestern am Labyrinth tanzte? – Nach der Französischen Revolution wurde die Kathedrale von Chartres dreißig Jahre lang als Tempel der Göttin der Vernunft benutzt. Die Vertreter der Kirche kehrten zwar zurück, aber auf mich wirkt es, als hätten sie den Platz nie mehr zurückgewonnen, von dem sie damals vertrieben wurden. Die Kirche hat den Tanz nicht wieder aufgenommen, und an manchen Orten wurde das Labyrinth, der alte Tanzplatz, sogar bewusst zerstört. Wichtige Teile des Ganzen wurden ignoriert und ausgemerzt, und die Göttin Vernunft blieb auf ihrem Thron.

Der Kopf, in dessen Mitte der Altar steht, ist etwas sehr Wertvolles. Die Vernunft bringt Klarheit, Orientierung und Ordnung. Die Vernunft gibt Sicherheit. Aber ohne Herz und Bauch ist sie distanziert und kalt und oft auch trügerisch.

Sicherheit ist ein Grundbedürfnis des Menschen. Möglichst vieles im Leben sollte möglichst sicher sein. Möglichst vieles soll eingebettet sein in ein sichereres System von Gewohnheiten. Das schafft Orientierung. Und wenn dann unvermeidlich etwas Neues kommt, beschwören wir die Sicherheit manchmal mit aller Vehemenz, ungeachtet der Tatsache, dass niemand eine Sicherheitsgarantie geben kann für etwas Unbekanntes.

Das macht auch den Weg im Labyrinth so schwierig. Zuerst geht es links herum, dann rechts herum. Alles ändert sich, die Perspektive, die Richtung, die Bewegung. Was bisher klar war, ist vielleicht nicht mehr brauchbar, und manches, das sich so gut eingependelt hatte, macht keinen Sinn mehr. Wenn ich nun aber schon im Laufe des Weges

Gewohntes aufgeben muss, dann sollen diese Veränderungen mich wenigstens weiterbringen, eine positive Verbesserung der Situation sein. Deshalb habe ich im Labyrinth den Wunsch, der Weg möge wenigstens nach innen, zur Mitte hin führen. Wenn die Wendung dann aber nach außen führt, bedeutet dies zusätzliche Frustration. Die Sehnsucht nach dem Gewohnten steigt. Ich ärgere mich über eine Welt, die sich dreht.

Meine Unsicherheit wächst, wenn ich im Leben eine große Wendung erlebe oder viele rasch aufeinander folgende gehen muss. Was gilt jetzt noch und was nicht, was ist vorbei und was fängt jetzt erst an? In solchen Situationen verliere ich leicht den Blick auf die größeren Zusammenhänge. Ich hefte den Blick auf den Boden vor den Füßen und kümmere mich um das Naheliegende. Irgendwann kommt dann eine Pause, ich habe Zeit aufzuschauen, und dann taucht die nagende Frage auf: „Wo bin ich eigentlich hingeraten?" Ich spüre, wie viel mir bereits entglitten ist, vielleicht sogar auch das Ziel, zu dem ich am Anfang aufgebrochen war.

Tief in unserer Seele verwurzelt ist der Wunsch, die Ziele klar im Blick zu haben, die Dinge im Griff zu haben, die Kontrolle zu behalten, zu wissen: das ist sicher – absolut sicher. Wie viele Menschen haben diese letzten beiden Worte schon in den Mund genommen. Techniker, Staatschefs, Ehemänner, Wissenschaftler. Meist sind es ernst dreinschauende Männer, die diese Worte aussprechen und nicht bemerken, wie sehr sie sich auf der Ebene des Glaubens und Hoffens befinden.

Ich erinnere mich an eine Schultafel über Atomenergie aus den Siebzigerjahren, auf der stand: *Die Atomenergie ist die sicherste Energiegewinnung, die es gibt. Die Wahrscheinlichkeit eines größeren Unfalls ist so gering, dass er praktisch auszuschließen ist.*

Den naiven Wunsch nach dem absolut Sicheren hat jeder Menschen, besonders dort, wo das Risiko groß und unabschätzbar ist. Aber worum es auch geht, ob um Atom- oder Gentechnik, um die Beziehungen, in denen wir leben, oder den Weg, den wir gehen, das Leben ist zerbrechlich, die Seele unruhig und selbst der sich so verlässlich um die Sonne drehende Planet Erde verwundbar.

Das Leben entlässt niemanden für lange Zeit aus solchen Erfahrungen am Rand, an der Grenze. Die äußersten Wege des Labyrinths symbolisieren diese Ränder, die wir als Krankheit, Unfall, Tod, ein zusammenbrechendes Lebenswerk, einen sich auflösenden Traum erleben. Oft sind die Zusammenhänge unverständlich und bedrückend. Manches „warum?" wird nie beantwortet, es bleiben nur die leeren Hände und das Wissen, dass ich nichts wirklich im Griff haben kann.

Das Tröstliche ist, dass ich mich auch in einer unsicheren Welt sicher fühlen kann, dann nämlich, wenn ich glauben kann, dass ich immer, auch in unsichersten Zeiten ein Gehaltener bin.

27

Das Feuerrad

Tätowierungsmuster aus Brasilien

Das Licht überwindet unermessliche Entfernungen,
riesige Räume und tiefste Dunkelheit
Das Licht ist der Beweis,
dass etwas sehr Kleines
eine sehr große Wirkung haben kann.

Immer öfter denke ich darüber nach, wie wohl ein Labyrinth wirken würde, das aus Kerzen aufgebaut ist. Der Kindergarten meiner Tochter veranstaltet zum Martinstag im November immer ein Lichterfest. Da will ich es bauen, das Licht-Labyrinth. Zuerst überlege ich, wie ich die Teelichter am besten vor dem Wind schützen kann. Für ein einzelnes Teelicht fallen mir genug Lösungen ein, nicht aber für zweihundert. Bodenfackeln sind teuer, aber es ist mir egal, ich will ein schönes Labyrinth sehen. Mit Schnur und Schraubenzieher kratze ich Kreise in das Gras. Dann stelle ich die Fackeln in Schrittweite auf. Zuletzt nehme ich meinen Plan vom Labyrinth und ordne die Wendungen und Wege. Kurz vor dem Einbruch der Dunkelheit brennt das labyrinthische Feuerrad.

Ich staune wieder neu. Wie kann es sein, dass ein paar kreisförmige Linien eine solche Wirkung haben?

Ein Kind steht in der Mitte, dann läuft es hinaus und holt die Mama.

„Ich will, dass du mich da drinnen nimmst", sagt es.

Dann stehen die beiden in der Mitte, die Mutter hat das Kind auf den Arm genommen, und das Kind schaut abwechselnd zu den Sternen am Himmel und hinab auf die Fackeln. Immer wieder hebt es die Hände und lässt sie langsam sinken, so als ob es die Sterne auf den Boden regnen ließe.

Ein Vater drückt mir die Hand und sagt: „Danke".

Er scheint noch nach mehr Worten zu suchen, aber dann geht er weiter. Ich weiß nicht, was ihn so angerührt hat. Auf einmal bildet sich spontan eine Kette aus Kindern und Eltern, immer mehr schließen sich an und ziehen gemeinsam einen Weg durch die dunkle, helle Nacht.

Im nächsten Jahr zu Ostern ergibt sich die Gelegenheit, am Platz vor einer Kirche ein Lichterlabyrinth auszulegen. In der Osternacht finden in der Kirche die ganze Nacht über meditative Konzerte und Lesungen statt. Auch aus der nahe gelegenen Stadtmitte kommen immer wieder Gruppen von Leuten vorbei. Ich diskutiere mit Jugendlichen über das Labyrinth, lache mit Touristen, die ihren Spaß haben, beobachte ungeduldig werdende Eltern, deren Kinder immer nicht weiter gehen wollen, rede mit einem Lehrer über die Wiederentdeckung des wortlosen Lehrens, zünde ausgegangene Fackeln neu an und hoffe, dass der kalte Wind nicht stärker wird.

Auf einmal höre ich eine leise Stimme neben mir:

„Ich glaube nicht, dass ich nächstes Jahr wieder kommen kann, aber ich bin jetzt ganz zufrieden damit. Sie haben mir heute Abend ein wunderschönes Erlebnis bereitet. Vielen Dank."

Ich schaue in das Gesicht einer jungen, erschreckend dünnen Frau und begreife, dass sie von ihrem Tod gesprochen hat. Wie ein Hauch ist sie verschwunden.

Mir fällt der ganze Ärger ein, den ich hatte. Die Bestellung der Kerzen, der zu dünne und damit windanfällige Docht, die Lagerung der Sachen im 4. Stock, der kaputte Lift, die falsche Adresse im Programmblatt, dass ich für den Mittelpunkt der Messschnur kein Loch bohren durfte, dass das Wachs eigentlich nicht auf das Kopfsteinpflaster tropfen darf, die fehlende feuerpolizeiliche Erlaubnis, die bis zuletzt unsichere Finanzierung. Wie ein Hauch ist alles verschwunden.

Ich gehe in die Kneipe und trinke ein Bier, in der Osternacht um ein Uhr morgens. Ein Prost auf dieses kleine Labyrinth, ein Prost auf das Weltenfeuer dieser Nacht. Auch ich sage danke.

Als ich wieder zum Labyrinth zurück komme, ist kein Mensch da. Ich trete zum Eingang und freue mich, dass jetzt der Augenblick gekommen ist, wo ich selbst ungestört in das Labyrinth gehen kann. Zuerst versuche ich noch an etwas zu denken, ich spreche ein Gebet, dann wird es still in mir. Ich lasse mich führen. Ich gehe um die Mitte, dann immer weiter nach außen. Auf einmal muss ich stehen bleiben, ein paar Schritte vor der letzen Wendung nach außen.

„Da bist du jetzt", sagt eine innere Stimme zu mir.

Ich blicke mich um. „Geh noch um die Kurve", versuche ich mir einzureden.

Ich mag nicht noch eine Wendung nach außen vor mir haben, ich will schon weiter sein, der Mitte näher. Ich weiß, dass meine Stimme Recht hat, man kann nichts erzwingen, man kann nicht weiter sein, als man ist. Immer noch stehe ich und warte auf die innere Erlaubnis, weitergehen zu dürfen. Sie kommt nicht.

„Loslassen": ich weiß, dass in diesem Wort etwas Wichtiges liegt. Aber ich mag es trotzdem nicht wirklich. Ich will etwas gewinnen, mehr haben als gestern, ich will nicht loslassen. Immer noch darf ich nicht weitergehen. Ich werde aufgefordert zu akzeptieren, dass ich erst an dieser Stelle bin, dass noch eine Wendung nach außen vor mir liegt. Ich gebe mein Widerstreben auf. Ich lege ein kleines Stückchen Papier, das ich in der Hosentasche finde, auf die Stelle, an der ich stehe. Ich trete über die Kerzen steigend aus dem Labyrinth heraus. Jetzt fällt mir wieder ein, mit welchem Gebet ich losgegangen bin, mit welcher Frage ich auf die Mitte zugegangen bin. So rasch hatte ich keine Antwort erwartet und eine so deutliche auch nicht.

28

Die Stimme des Herzens

Schmuckengel an der Außenfassade der Watt's Chapel/England

Vertrauen ist gefährlich,
schwer
und unumgänglich

Es ist etwas Wunderschönes, wenn jemand sich seinem Weg ganz anvertrauen kann. Wie ein Fluss seinem Bett. Warum fällt mir das nur so schwer, wo ich mir doch sicher bin, dass das der Königsweg des Lebens ist. Auch der Fluss macht Umwege. Nie ist er wirklich gerade. Er kreist um keine Mitte, denn seine Mitte ist das Meer. Faszinierend ist das Wasser in seinem unbeirrten Anschmiegen an den Weg. Trotzdem ist es gleichzeitig erfüllt von der unbändigen Energie, vorwärts zu kommen. Kein Stein, kein Brückenpfeiler, nicht einmal ein Damm ist ein Hindernis. Es weicht aus, verliert aber keinen Augenblick lang seine ganze Kraft nach vorne. Und wenn es sich eindreht in eine Bucht oder einen Strudel, scheint das eine selbstverständliche Pause, eine willkommene Rast zu sein. Das Wasser gibt sich seinem Weg vollkommen hin. Ich weiß, dass dieses vollkommene Vertrauen vollkommenes Glück bedeuten würde.

Manchmal, wenn ich als Pilger unterwegs bin, versuche ich mich in dieses Vertrauen einzuüben. Ich gehe gern ohne Karte und Vorwissen. Ich mache die ersten Schritte und versuche mich darauf einzustimmen, dass der Weg mich führen wird. Ich weiß nicht, wie ich es am besten nennen soll: Intuition, Stimme des Herzens, innere Stimme, aber ich weiß, dass sie sehr verlässlich ist. Zu fast jeder Wegkreuzung hat sie eine Meinung, als ob sie das Land dahinter kennen würde. Manchmal, wenn sie schweigt, bekomme ich Zweifel, ob es wirklich klug war, mich auf sie zu verlassen. Ich hätte die Karte doch wenigstens einstecken können für solche Fälle. In einem solchen Fall steigt mit jedem Schritt näher zur Kreuzung mein Missmut. Ich habe keine Lust, in eine Sackgasse zu rennen. Aber es passiert dann fast immer dasselbe. Ist sich die innere Stimme nicht sicher, welcher Weg der richtigere ist, schickt mir der Himmel einen Boten. Ein Bauer fährt vorbei, ein Kind läuft aus einem Haus, oder ein verstecktes

Schild gibt mir die notwendige Auskunft. Ganz selten passiert es aber doch, dass ich einmal komplett falsch gehe; aber das gehört auch dazu. Ich weiß dann, dass ich noch viel lernen muss.

Das Wasser kann es mit wunderbarer Vollkommenheit, der Pilger kommt manchmal dahin, und wenn es mir gelingt, dieses Vertrauen einmal kurz in den Alltag hinein zu tragen, entstehen Momente des Staunens und des Glücks. Ich erlebe, wie einfach und gut sich alles entwickelt und wie es auf einmal wie von selbst funktioniert. Trotzdem gelingt es mir nicht, dieses gelassene Vertrauen lange durchzuhalten. Irgendwann schnappe ich zurück in eine andere Haltung. Steuern, tun, mehr tun, die Dinge erzwingen, Einfluss geltend machen, manipulieren, managen, sich verkaufen. Wer das gut kann, wird Erfolg haben. So habe ich es gelernt, und plötzlich finde ich mich wieder in diesem Laufrad.

Es gibt Boten, die mich wieder aus diesem Laufrad herausholen wollen; sie stehen am Wegesrand, manchmal erkenne ich sie sogar deutlich. Ich sehe, dass es mir gesandte Boten sind, aber ich kann jetzt nicht, ich habe meine Zeit schon eingeteilt, ich kann meinen Plan nicht ändern, und so eile ich an ihnen vorbei. Mein Körper und meine innere Stimme versuchen es mir zu sagen, aber ich habe nicht gelernt, wirklich auf die beiden zu hören. Vielleicht habe ich mir auch deshalb das Labyrinth zu meinem Lieblingsthema gemacht, das Pilgern nach Santiago zu meinem größten Traum und den Bibelspruch: „Trachtet zuerst nach Gottes Reich, so wird euch das andere zufallen" zu meinem Leitvers. Vertrauen in das Leben, Vertrauen in meinen Weg, Vertrauen in Gott. Wer vertrauen kann wie das Wasser, muss dem Himmel ganz nahe sein.

29

Der Weg zurück

Der Pilger im Labyrinth des Lebens. Abbildung von 1632

Der Weg hin zum Ziel
ist der Weg des Helden.
Der Weg nach Hause
ist der Weg der Liebe.

Ich erfahre, dass ein Pfarrer einer kleinen evangelischen Kirche im Allgäu ein Bodenlabyrinth in den Altarraum hat bauen lassen. Die Fahrt ist nicht weit, und bald besuche ich ihn und lasse mir das ungewöhnliche Werk zeigen. Es wurde aus buntem Beton gegossen in leichtem Gelb mit rötlichen Einsprenkelungen und einem blauen Hintergrund. Sieben Wege um die Mitte haben in dem kleinen Altarraum Platz, den das Labyrinth nun ganz ausfüllt. In der Mitte liegt unter einem Glasdeckel ein Stein, der die Form eines Kreuzes hat. Diesen Stein hat der Pfarrer auf dem Jakobsweg gefunden.

Insgesamt sieben Jahre lang ist er mit seiner Frau in Etappen den Weg von seinem Pfarrhaus bis nach Santiago gegangen. Er erzählt mir von seinen Erlebnissen, von dem Hund, der sie einige Zeit begleitet und zu einer versteckten Kapelle geführt hat, den Menschen, die sie getroffen haben, und dem Schild über der Kassa in einer Herberge in Spanien: „Gib, was du kannst, nimm, was du brauchst." Das ist das Vertrauen der Pilgerschaft.

Dann zeigt er mir noch eine Postkarte, die ihm ein guter Freund, der auch nach Santiago aufgebrochen war, einige Zeit später von dort geschickt hatte. „Du musst den Weg vater- und mutterseelenallein gehen, und du musst ihn in einem Stück gehen."

Der Satz lässt mich nicht los. Ich plane, den Jakobsweg auch in Etappen zu gehen, zusammen mit meiner Frau und unserer Tochter. Es ist erstens zeitlich schwer möglich und der Familie auch nicht fair gegenüber, sich ein halbes Jahr allein auf Pilgerreise zu verabschieden. Trotzdem weiß ich, dass der Postkartenschreiber Recht hat. Und er hat nicht einmal alles gesagt, ich weiß, dass sogar noch etwas fehlt: Du musst den Weg allein gehen, du musst ihn in einem Stück gehen, *und du musst ihn zurück gehen*.

Es ist eine der ersten Fragen, auf die man stößt, wenn man sich mit dem Labyrinth beschäftigt. Das Labyrinth, das Dädalos als Versteck für den Minotauros auf Kreta gebaut hat, wurde nie, nicht ein einziges Mal, in der Antike als Irrgarten dargestellt, sondern immer als Labyrinth, das einen Weg zur Mitte hat und ein- und denselben Weg, der aus der Mitte herausführt. Warum also braucht Theseus, der den Weg in die Mitte mühelos findet, einen Faden, um den Weg heraus zu finden? Wozu ist die Hilfe der Ariadne notwendig, wenn es gar keine Möglichkeit gibt, sich zu verirren? Dass Mythen und Märchen keine äußeren Realitäten beschreiben, sondern innere, ist mir klar. Was, in diesem inneren Sinn, der Faden der Ariadne bedeutet, würde ich allzu gerne wissen. Eine Bemerkung bringt mich auf die Spur: „Für einen Mann ist es immer leichter, zu einer Heldentat aufzubrechen als zur Liebe."

Mit einer sehr entschlossenen und direkten Energie lässt sich Theseus auf das ganze Abenteuer ein. Zielstrebig peilt er das Ungeheuer an und vernichtet es. Ein makelloser Held, ein großartiger Mann. Vielleicht würde er, ohne sich umzudrehen, zur nächsten Heldentat eilen, wenn Ariadne ihm nicht einen Faden gelegt hätte, der ihn zur Liebe zieht. Zu einer Liebe, die ihm sogar die Heldentat erst ermöglicht hat. Nur mit Ariadnes Hilfe ist ihm schließlich der Sieg über das Ungeheuer gelungen. Theseus lässt sich von diesem Faden zurückführen, auch wenn in der weiteren Folge der Geschichte seine Beziehung zu Ariadne rasch in Brüche geht. Große Helden sind nicht automatisch große Liebhaber. Die Liebe ist aber immer das höhere Ziel. Sie ist das Kostbarste, das ich gewinnen kann. Und das Einzige, für das sich alles lohnt.

Zwei Wege hat das Labyrinth: den Weg hinein und den Weg hinaus. Mir fallen zu diesen Wegen nun zwei passende Namen ein. Ich nenne den Weg hinein den „Heldenweg" und den Weg heraus den „Liebesweg". Der Weg hinein ist der Weg auf die Mitte zu. Der Weg auf ein Ziel, das ich erreichen will. Aber was nützt ein Ziel, wenn ich es nicht im Herzen gewonnen habe, wenn es mich nicht zur Liebe führt?

Auch auf einem Pilgerweg bewegt man sich auf ein besonderes Ziel, auf eine heilige Stätte zu. Und manche, die viele Kilometer nach Santiago oder Rom gewandert sind, berichten von einer großen inneren Leere am Tag nach dem Triumph. Viele steigen in den Zug oder das Flugzeug und reisen zurück. Auch manche, die ein Labyrinth begehen, gehen geradewegs aus der Mitte heraus. Sie berauben sich selbst um den Weg zurück.

Wer nach Santiago oder zu einem Wallfahrtsort gepilgert ist, begegnet dort dem Heiligen, dem Besonderen. Er hat Kraft aus einer spirituellen Quelle geschöpft, er hat seine innere Verbindung mit Gott und dem wandernden Volk der Menschheit gespürt. Er ist stunden-, und vielleicht tagelang auf dieses Ziel zugegangen und hat sein ganzes Sehnen und Denken darauf gerichtet. Er hat einen inneren Faden von seinem Herzen bis zu diesem Ort gespannt und ist diesem Faden gefolgt. Nun ist der Faden aufgewickelt und das Ziel erreicht.

Die Mitte des Labyrinths ist der einzige Ort, an dem ich mich vollständig wenden muss. Diese Wendung richtet meinen Blick dorthin, wo ich her gekommen bin. Wenn ich die Mitte genossen habe, alles in mich aufgenommen habe, was sie mir schenkt, wenn ich das Heilige berührt habe – in Santiago wird dies sehr konkret darin ausgedrückt, dass Pilger der Figur des Apostels Jakobus die Hände auf die Schultern legen –, wende ich mich um, der Heimat zu. Jetzt werfe ich den inneren Faden neu aus und binde ihn an meine eigene Haustüre. Der Wallfahrtsort rückt aus dem Blickfeld, die Familie, die Freunde, die Aufgaben zu Hause ziehen in

Herz und Denken ein. Diesen Weg zurück sollte man weder auslassen noch abkürzen; letztlich ist er der wichtigere von beiden. Indem man sich, gestärkt vom Ziel, die gleiche Zeit nimmt, wieder zurückzugehen, wird sie zur Zeit, in der das Erlebte mitgenommen wird in den Alltag. Es ist gut, die Menschen, die einem lieb sind, den eigenen einfachen Platz im Alltag genauso lange in den Gedanken zu bewegen, wie das Besondere, das Höhere und Heilige.

Auf diesem Weg zurück geschehen wichtige Dinge. Fragen tauchen auf: „Was bedeuten mir die Menschen, die mir nahe stehen? Was ist eigentlich meine Aufgabe?" Vielleicht führen mich diese Fragen einmal so weit, dass ich bemerke: die Heimat ist gar nicht dort, wo ich es meinte, und die Lebensaufgaben sind ganz andere, als ich dachte. Der Faden, den ich Richtung Heimat auswerfe, wird mein Herz zu dem Ort hinziehen, wo ich hingehöre. Das Labyrinth leitet den Fuß, diesem Faden kann ich vertrauen, auch wenn er wiederum wunderliche Wendungen machen sollte.

Erst wer die eigene Türklinke in der Hand hat und seine Liebsten umarmt, ist wirklich am Ziel angekommen.

30

Labyrinthische Geschichten

3000 Jahre alte Felsritzung aus dem Val Camonica / Italien

Gott schreibt auch auf
geraden Linien geschwungen.

In vielen Geschichten steckt ein labyrinthischer Weg. Bevor die Lebensaufgabe gefunden wird, müssen viele Wendungen gegangen werden. Die Geschichte von Theseus und Ariadne ist eng mit dem Labyrinth verbunden. Das Labyrinth ist darin nicht nur das Gefängnis des Minotauros, sondern auch Tanzplatz für Theseus und Ariadne. Dieser Tanz war jahrhundertelang im ganzen Mittelmeerraum bekannt, und seine Spuren entdeckt man in verschiedenen Volkstänzen bis heute. Die Geschichte von Theseus ist eine Geschichte des Erwachsenwerdens eines jungen Mannes. Es ist der Weg vom Jüngling zum König. Auf diesem Weg muss Theseus bestimmte Stationen durchschreiten, er muss die Stufen einer Treppe erklimmen, oder, um beim Bild des Labyrinths zu bleiben, eine Reihe von Wendungen mitmachen, ehe er König von Athen werden kann. Bestimmte Ereignisse auf diesem Weg sind wie notwendige Stationen des Erwachsenwerdens; sie sind zeitlos gültig.

Zunächst entscheidet sich Theseus, das Abenteuer zu wagen. Furchtlos und ohne viel Nachdenken meldet er sich freiwillig als eine der Geiseln, die nach Kreta gebracht werden sollen, um dort dem Ungeheuer Minotauros geopfert zu werden. König kann nur werden, wer auch auszieht, ein Königreich zu gewinnen. In den Mythen und Märchen dieser Welt wird davon hundertfach erzählt.

Genauso unerschrocken, wie er aufgebrochen ist, geht Theseus in das Labyrinth hinein und kämpft mit dem Minotauros. Diese Auseinandersetzung, der Kampf mit dem Bösen ist die nächste Station, die gemeistert werden muss. Doch der Kampf allein und der Sieg bringt ihn noch nicht ans Ziel; der Held muss das Weibliche annehmen – in seiner eigenen Seele und auch in der Begegnung mit der Frau. Eine Heldentat ist nichts wert, wenn nicht auch die Liebe gewonnen wird. Theseus nimmt den Faden der Ariadne auf und findet so seinen Weg zur Liebe.

Auf der Rückfahrt dann wird ein großes Fest gefeiert. Auch das gehört zu den Stationen des Erwachsenwerdens – das Leben feiern zu können, ein Fest, eine Party auskosten zu können. Bei einer weiteren Station verliert Theseus Ariadne. Die Geschichte erzählt nicht genau, ob sie ihm genommen wurde, oder ob er sie verlassen hat. Einen Partner oder eine Partnerin zu finden, ist oft in sich selbst ein Labyrinth. Selten findet man schon bei der ersten Begegnung den oder die Richtige.

Und bevor Theseus König wird, muss noch der Vater überwunden werden. In dieser Geschichte durch einen dramatischen Selbstmord, bei dem sich der Vater Ägeus ins Meer stürzt. Die Überwindung des Vaters kann viele Gesichter haben, aber sie muss in irgendeiner Form geschehen, damit ein Mann erwachsen wird.

Jeder Mensch ist mit seiner Geschichte in einem Lebenslabyrinth unterwegs. Das Bild des Labyrinths hilft mir, gewisse Abschnitte und Ereignisse in meinem Leben besser zu verstehen. Den Weg des Aufstiegs und Abstiegs, den Weg von der Mitte weg und zur Mitte hin. Den Weg der Wendung und die Sehnsucht nach der Mitte, die mal als das zu erreichende Ziel, mal auch als die Hälfte des Weges verstanden werden kann.

Ich bin sicher, es gibt unendlich viele aufgeschriebene und persönlich erlebte Geschichten, in denen labyrinthische Abschnitte oder auch das ganze Labyrinth zu erkennen sind.

In einer alten biblischen Geschichte fällt mir das Labyrinththema besonders auf. Es ist die Geschichte von Jona (Buch Jona im Alten Testament).

Jona geht zuerst weg von der Stadt Ninive, in die Gott ihn geschickt hat, dann hin nach Ninive. Er kämpft dort mit dem Bösen und besiegt es. Und dann gibt es für Jona noch einen dritten Weg. Er geht in die Wüste. Labyrinthisch führt Jonas Weg zuerst weg von der Mitte, dann zur Mitte hin und dann wieder aus dem Labyrinth heraus.

Jona fühlt sich anfangs von der ihm gestellten Aufgabe überfordert und wendet sich vom Ziel ab, bis er auf der Flucht in eine tiefe Krise, an die Grenze zum Tod kommt. Im Wal wendet sich sein Weg neu zur Mitte, und er löst seine Aufgabe mit Bravour. Nachdem sich eine ganze Stadt aufgrund seiner Predigt bekehrt hat, ist er ein Held. Dennoch ist er damit noch nicht am eigentlichen Ziel. Jonas Ziel heißt nicht, der erfolgreichste Prophet der Antike zu werden, sondern zu einer ehrlichen inneren Liebe zu finden, zu Verständnis und zur wohlwollenden Einheit mit der ganzen Schöpfung.

Behutsam schickt Gott Jona auf den zweiten Weg, auf den Weg aus dem Labyrinth heraus, auf den Liebesweg. Die Wendungen sind diesmal weniger dramatisch, aber der Weg ist deshalb nicht einfacher. Langsam wird das Herz gewendet. Gott lässt einen Strauch wachsen, der Schatten wirft. Der Hitzkopf Jona kühlt langsam ab, der tief in seiner Seele schlummernde Zorn wird ihm leise ausgetrieben. Aber in den äußeren Umgängen des Labyrinths ist harte innere Arbeit nötig. Wenn die Liebe Einzug halten soll, muss Gottes Wesen verstanden und mitempfunden werden können. Noch einmal, genauso wie im Sturm auf seiner Flucht, bedeutet es für Jona einen Durchgang durch eine stechende, Besinnung raubende Krise. Erst in Todesnähe wird das Leben spürbar. Erst dann können Fragen gestellt, Antworten gefunden werden, die zu den wesentlichen Wendungen führen. Jonas Herz wird Stück um Stück gewendet, geformt und zur Liebe eingeladen.

Der Schluss-Satz der ganzen Geschichte scheint auf den ersten Eindruck vielleicht etwas unvermutet und unfertig in der Luft zu hängen, aber er ist von großer Tiefe. Er steht wie ein Markierungszeichen am Ende des Weges aus dem Labyrinth.

„Mir sollte es nicht Leid tun um all die Menschen, die nicht einmal rechts und links unterscheiden können – und außerdem so viel Vieh?"

In den letzten Worten blitzt nicht nur der zarte Humor der Liebenden auf; es wird darin auch offenbar: wer den Weg der Liebe geht, weiß sich nicht nur mit Menschen, sondern mit der ganzen Schöpfung verbunden.

31

Was kostbar ist, ist nicht schnell zu haben

Der Faden der Ariadne

Wer ein Labyrinth begeht,
macht sich auf einen Weg der Wandlung.

An seinem äußersten Rand sind die Wege des Labyrinths am längsten. Dort außen hat man das Gefühl, den Weg zur Mitte verloren zu haben, endlos entlanggeschickt zu werden und nicht zu wissen, wohin das führen wird. Diese Wegstrecken sind ermüdend und frustrierend. Sie werfen Fragen auf, die bisher keine Rolle spielten. Zum Beispiel die Frage nach Sinn und Sinnlosigkeit.

Der Lebensweg führt uns an Grenzen, an denen schöne Worte und nette Gedanken nicht mehr weiterhelfen. Tod, Krankheit, Trennung und Scheitern sind mit Situationen verbunden, in denen schweigen oft besser ist als reden, fragen besser als antworten. Wenn ich selbst nicht direkt betroffen bin, versuche ich, mich so gut es geht aus diesen Situationen heraus zu halten. Manchmal nimmt dieses Fernhalten auch unwirkliche Züge an. Der Tod wird immer weiter von der persönlichen Erfahrung entfernt: Er geschieht anonym im Krankenhaus. Krankheit wird versteckt, sobald sie wirklich ernst ist. Trennung hat in unserer Zeit schon einen gewissen Gewohnheitsrang, sodass der darin liegende Schmerz oft nicht mehr anerkannt wird. Und Scheitern ist in einer Welt des positiven Denkens einfach nicht gesprächsfähig.

Ich werde zu einer Männertagung eingeladen, um mit dem Labyrinth zu arbeiten. Ich erzähle den Theseusmythos, und wir spielen ihn nach: Jeder geht einzeln mit einer Schnur und einem Schwert zur Mitte und berichtet anschließend von seinen Gedanken und Erfahrungen. Wir anderen sitzen etwas entfernt vom Labyrinth unter einem Baum im Gespräch, während immer einer durch das Labyrinth geht. Einer kommt lange nicht zurück. Als er endlich kommt, setzt er sich erschöpft zu uns und erzählt uns sein Abenteuer.

Beim Hineingehen verhedderte sich die Schnur komplett. Er steckte das Schwert in die Mitte und machte sich auf den Rückweg, nach ein paar Minuten warf er die verknotete Schnur auf den Boden und ging hinaus. Dann dachte er an den Nächsten, der kommen würde – er konnte ihm doch nicht eine verknotete Schnur zurücklassen! Langsam und mühsam knotete er die Schnur auf.

„Wisst ihr, was mir aufgegangen ist", sagt er dann, „als ich mich von meiner Frau getrennt habe, habe ich die Schnur unserer Beziehung auf den Boden geworfen und bin gegangen. Jetzt weiß ich, dass ich mir die Zeit hätte nehmen sollen, sie aufzuknoten."

Viele brechen den Weg ab, wenn es schwierig wird. Ich beobachte oft Leute, die in ein Labyrinth hineingehen – und wenn sie merken, dass es doch länger dauert als vorgesehen, steigen sie einfach wieder über die Begrenzung hinaus. Man ist in dieser Welt ständig in der Versuchung zu glauben, dass es doch einfach gehen müsste. Fasse ein Ziel ins Auge, geh los und du hast es, so lautet die verkürzte Botschaft. Das Labyrinth lehrt etwas anderes. Fasse ein Ziel ins Auge, geh los und lass dich von einem langen Weg nicht beirren. Einfache Dinge lassen sich schnell haben, kostbare Dinge nicht. Heilung mit einer Pille gibt es nicht, eine Beziehung ist mehr als ein Kuss. Gesundheit ist nicht die Frage eines Wellnesswochenendes und eine spirituelle Erfahrung gehabt zu haben bedeutet noch nicht, dass man weiß, wo Gott wohnt.

Zu den Schätzen des Lebens vorzudringen heißt, sich auf einen schwierigen Weg einzulassen, einen Weg, der weder geradlinig noch kurz ist. Es ist ein Weg, der an Grenzen führt, an denen wir mit schnellen Antworten nichts ausrichten können. Grenzen, die uns an der Sinnhaftigkeit des Lebens zweifeln lassen, die uns bis aufs Äußerste herausfordern, uns in ein größeres Ganzes hineinzudenken, das weit mehr als unsere sichtbare Welt umfasst. Wer an diesen Grenzen nicht aufgibt, wer den längsten Weg am äußersten Rand nicht abzukürzen oder zu verweigern versucht, für den öffnet sich auch die Wendung zur Mitte.

32

Die Zweifel über den eigenen Weg

Scimangada – Grundriss einer Stadt im indischen Dschungel

Wer einen Fuß
in der Tür lässt,
kommt nicht vorwärts.

Wenn ich ein Labyrinth zeichne, dann konstruiere ich in der Regel die Begrenzungen des Weges. Zunächst wirkt immer alles etwas verwirrend, aber wenn ich mit einer Konstruktion fertig bin, kommt dieser Moment des Staunens, wie übersichtlich, wie formschön, wie vollkommen das Ganze in seiner fertigen Gestalt wirkt. Auch wenn ich die Natur betrachte – bei einem Biologen geschieht das recht häufig – mache ich oft dieselbe Erfahrung: Im Detail ist manches verwirrend, im Ganzen immer vollkommen.

Wenn ich eine wichtige Entscheidung zu treffen habe, habe ich manchmal nicht den Eindruck, dass mein Weg dem eines Labyrinths entspricht. Zu stark ist da das Gefühl, dass ein Weg der schlechtere ist, dass eine Entscheidung falsch sein könnte und in eine Sackgasse führt. Wenn es um etwas Wichtiges geht, bemühe ich mich angestrengt, möglichst keinen Faktor zu vergessen, der eine Rolle spielen könnte. Ist die Entscheidung dann einmal getroffen, lösen sich die meisten der erwarteten Schwierigkeiten in der Regel von alleine auf.

Eine Entscheidung macht immer einen Weg frei, und auf einmal stecke ich nicht mehr unschlüssig fest, sondern bin wieder in einen Fluss gekommen.

Selten sind die Entscheidungen, bei denen mich der Zweifel nicht loslässt, sie könnten falsch gewesen sein; aber es gibt sie. Ich habe hinterher das Gefühl, dass nichts wirklich zusammenpasst und dass alles, was sich aus dieser Entscheidung ergibt, zäh und mühselig ist. Die Zweifel der Entscheidungssituation und alle Überlegungen melden sich erneut und wollen wieder und wieder bedacht werden. Was habe ich übersehen, was hätte ich anders sagen müssen, wie kann ich es richtig stellen, gibt es vielleicht eine neue Entscheidungsmöglichkeit, ist es endgültig vorbei? Nichts ist bedrückender als das Gefühl, eine falsche

Entscheidung getroffen zu haben. Nicht ganz so schlimm, aber auch unangenehm ist der Eindruck, eine Entscheidung versäumt zu haben, zu lange in Unentschlossenheit verharrt zu sein. Die Chance, die da war, ausgelassen zu haben.

Es gibt Tage, da beschäftigen mich all diese versäumten Chancen und möglicherweise falsch getroffenen Entscheidungen so sehr, dass ich kaum an etwas anderes denken kann.

Das Labyrinth ist eine ungemeine Herausforderung an dieses Kopfzerbrechen, diesen Ärger, dieses Sichsorgen. Doch wenn ich mitten in den Entscheidungen stehe, weiß ich nicht, ob ich mich wirklich auf die Botschaft des Labyrinths einlassen kann. Sie scheint zu einfach zu sein und zu wenig mit der Realität zu tun zu haben. Das Labyrinth sagt: Du bist auf dem richtigen Weg, eine falsche Entscheidung gibt es nicht. Vertraue, entspanne dich, jede Überlegung im Nachhinein – ob ich an der richtigen Stelle auch die richtige Abzweigung gegangen bin – ist hinfällig, denn es gibt keine Abzweigung. Es gibt für dich nur den einen Weg. Und es gibt nur Stehenbleiben oder Weitergehen. Da sind keine Sackgassen.

Wenn ich mitten in den Zweifeln über meine Entscheidungen stecke, dann lasse ich das Labyrinth und seine Botschaft nicht gelten. Es gibt genug Gegenargumente. Das Labyrinth beschreibt doch sicher auch nur einen Teil der Wahrheit über das Leben. Falsche Entscheidungen, Irrwege gibt es genug in der Geschichte der Welt und jedes Einzelnen. Die Botschaft des Labyrinths ist leicht zu widerlegen.

Und doch kann ich mich auch der Herausforderung nicht entziehen: Zerbrich dir nicht den Kopf, geh weiter, es ist gut so. Gerade dann, wenn ich eigentlich ganz anders empfinde taucht das Bild des Labyrinths vor mir auf und sagt:

Es ist wie es ist und es ist gut so. Das ist die Botschaft, die sich dann leise in mir meldet. Was ist, wenn es wirklich so wäre? Was, wenn jede Entscheidung in meinem Leben gut war? Gut und notwendig für meinen Weg zur Mitte?

Ich habe mir eine kleine Redewendung angewöhnt, die nur aus zwei Worten besteht: „Passt schon." Wie oft haben diese zwei Worte schon eine Situation entspannt, eine Krise beendet. So als ob eine Tür aufginge. So als würde sich der Raum um mich herum weiten. In diesen zwei Worten drückt sich ein Urvertrauen aus, das in meiner Seele liegt, auch wenn alles dagegen zu sprechen scheint. Ich bin ein Mensch mit Ecken und Kanten, Fehlern und Irrtümern, aber es „passt schon". Ich gehe einen Weg voll Zweifeln und Umwegen, aber es „passt schon". Ich lebe in einer Welt, die wie ein Irrgarten wirkt, aber ein Labyrinth ist.

33

Das Angesicht des Minotauros

Römisches Bodenmosaik in Fribourg / Schweiz

Das Böse hat so viel Macht,
wie ihm gegeben wird.

In die Mitte des Labyrinths lässt sich vieles hineindenken.

Das erreichte Ziel, das Heilige, Erkenntnis, Glück und Ankunft. Aber in der Mitte sitzt auch der Minotauros, das Ungeheuer, das Böse. An der Auseinandersetzung mit dem Bösen komme ich nicht vorbei. Gerade wo sich Großes und Entscheidendes tut, muss ich mich auch der Frage nach dem Bösen stellen.

Der Mensch ist fähig zum Bösen. Er kann sich zum Bösen entscheiden. Er tut Böses, gewollt und ungewollt. Möglicherweise ist er vielleicht sogar das einzige Wesen im Universum, das dazu fähig ist.

Die übliche Art des Menschen, mit dem Bösen umzugehen, ist, es nach außen zu projizieren. Ich selbst bin der gute Held, und das Böse ist „irgendwo da draußen". Jeder sucht nach einer Projektionsfläche, auf der er das Böse in irgendeiner Form sichtbar werden lassen kann. In jeder Volkskultur gibt es Figuren, die auf dieser Projektionsfläche entstanden sind. Früher trieben gehörnte Teufel ihr Unwesen, heute sind es fantastische Aliens auf den Bildschirmen. Gefährlich wird es, wenn das Böse nicht auf Fantasiefiguren, sondern auf konkrete Menschen projiziert wird. Es beginnt damit, dass diese Menschen oder Menschengruppen beschimpft als „die Bösen" bezeichnet werden. Manchmal geht es weiter, es kann zu Handgreiflichkeiten kommen, in organisierte Gewalt umschlagen. Im Versuch, das Böse auszumerzen, beginnt man auf andere einzuschlagen. Je gewalttätiger auf andere eingeschlagen wird, desto größer ist die Blindheit der eigenen Bösartigkeit gegenüber. In der Geschichte der Menschheit wurden die größten Verbrechen von denjenigen begangen, die versucht haben, das Böse am effektivsten zu bekämpfen. Erst spät oder gar zu spät erkennt man, wo das Böse eigentlich hätte gesucht werden müssen.

Der Minotauros in der Theseusgeschichte ist das Ungeheuer, das in der Mitte des Labyrinths eingeschlossen wird.

Es ist ein Mischwesen aus Stier und Mensch, ein unmenschliches Monster, entstanden aus der Vermischung von Tier und Mensch. Menschen haben immer schon Tiere benutzt, um die eigenen schlechten und bösen Eigenschaften zu beschreiben. Daraus entstanden die abwertenden Schimpfwörter, bei denen Menschen mit Tiernamen belegt werden. Selbstverständlich ist das den betreffenden Tieren gegenüber unfair. Der Minotauros ist so ein „vertierischter" Mensch. Er hat einen Stierkopf und einen Menschenkörper. Doch es geht dabei nicht um Tiere, sondern um Menschen. Es geht darum, das Böse in sich selbst zu erkennen. Theseus muss sich mit diesem Monster und damit mit sich selbst auseinandersetzen. Er muss ihm und damit sich selbst ins Angesicht schauen, er muss mit ihm kämpfen und sich selbst besiegen.

In einem Spiegellabyrinth, das Leonardo da Vinci entworfen hat, besteht die Mitte aus Spiegeln, die im Achteck zueinander aufgestellt sind. Beim Blick in einen Spiegel sieht man sich selbst von allen Seiten. In einem anderen Spiegellabyrinth ist dieser Satz eingraviert: *Dies ist der Minotauros*. Wo der Mensch zu seiner Mitte findet, wird er mit dem Bösen konfrontiert. Damit hört er auf, das Böse irgendwo außerhalb zu suchen. Er muss es in sich selbst anschauen. Dieser Blick in den Spiegel ist für jeden erschreckend. Doch wer das Böse in sich nicht sehen will, bleibt in dem System von Projektionen gefangen und damit auch ständig in der Gefahr, das Böse zu tun. Je stärker meine Projektion, desto weniger bemerke ich, wie böse ich selbst bin.

Schwer genug ist es, das Böse in sich selbst zu erkennen, und vollkommen kann es nicht gelingen; und wenn ich es erkenne, stellt sich die schwierige Frage, wie ich jetzt mit dieser Einsicht umgehen soll. Das Schwert ziehen, kämpfen, sich dem Schicksal ergeben oder sich gar mit dem Schatten versöhnen? Niemand kann darauf eine leichte und schnelle Antwort finden.

Die Auseinandersetzung mit dem Bösen ist ein Grundthema aller Religionen. Das Christentum sieht den Menschen grundsätzlich und zunächst ausweglos in das Böse verstrickt. Christus ist der Retter im Labyrinth der Seele, der den Minotauros für den Menschen besiegt. Im restlosen und uneingeschränkten Vertrauen auf Gott wird dem Bösen der Wind aus allen Segeln genommen.

Die Einsicht darüber, wo die Auseinandersetzung mit dem Bösen stattfinden muss und wie dieses Vertrauen immer wieder gewonnen werden kann, gehört zu den nie endenden Lebensaufgaben jedes Menschen.

34

Wer nicht umkehrt, bleibt gefangen

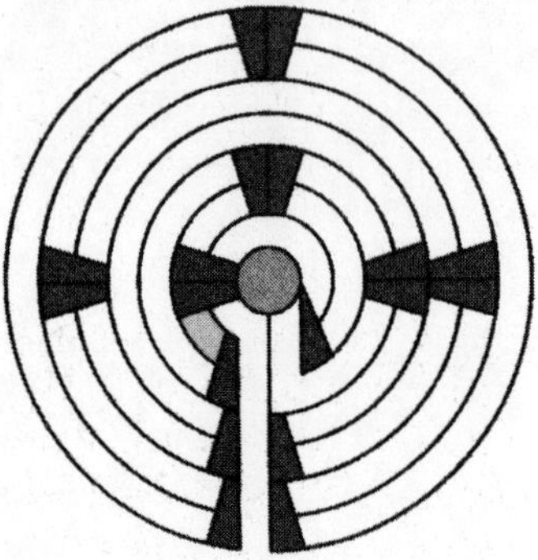

Bodenlabyrinth in der Kirche St. Konrad in Freiburg / Deutschland

Die Bereitschaft umzukehren
ist die Voraussetzung für Fortschritt.

Das Labyrinth ist das Symbol der Umkehr. Dabei gibt es zwei grundsätzlich unterschiedliche „Umkehrungen". Zum einen die Wendungen, die den Weg des Labyrinths kennzeichnen, und zum anderen die vollständige Umkehr in der Mitte. Die Wendungen des Weges führen den fortlaufenden Weg weiter, man wechselt die Richtung, geht aber nicht denselben Weg zurück, sondern, mit einer Biegung, weiter.

Jeder Mensch kommt in seinem Leben an solche Stellen, die eine Neuorientierung erfordern. Es geht nicht mehr so weiter wie bisher. Die Richtung, die ich bisher verfolgt habe, bietet kein Fortkommen mehr. Solche Wegstellen irritieren. Gerade glaubte ich mich noch auf einem schwungvollen Weg auf ein Ziel hin zu bewegen, da ist dieser Weg auf einmal zu Ende. Es scheint, als hätte ich mich geirrt, als hätte ich das Ziel verloren, die Strecke umsonst gemacht. Oft stecke ich mir ein Ziel und scheitere auf allen Linien – zumindest scheint es so. An diesen Stellen ist es oft schwierig, die Motivation nicht zu verlieren. Wozu soll ich mich mühen, wenn es doch nicht klappt. Wieder neu anfangen, wieder losmarschieren, wieder freudig weitergehen? Oft spielen die Gefühle nicht mit, und die Gefahr ist groß, dass Enttäuschung und Frustration wachsen und zu einer Wurzel der Bitterkeit werden. Bitterkeit zu empfinden, gehört zum Übelsten, was einem Menschen geschehen kann. Mich und andere und auch sonst nichts mehr zu mögen: das ist eines der schlimmsten Schicksale, die ich mir vorstellen kann.

Manches ist aber auch leichter gesagt als getan. Wenn ich meine Herzensglut, meine Begeisterung, mein Engagement in einen Weg gelegt habe und dann an das Ende gerate, dann fällt es gar nicht leicht, zu sagen: „Macht nichts, weiter geht's." Das Labyrinth macht mir zumindest grundsätzlich Mut dazu. Der Weg endet nicht in einer Sackgasse, sondern macht eine Biegung hinein in einen neuen Weg.

Eine Wendung ist kein Ende, ganz im Gegenteil: nur viele Wendungen führen zur Mitte. Es ist nicht falsch gewesen, bis hierher gegangen zu sein, falsch wäre, jetzt aufzugeben und zu resignieren. Die Wege sind alle notwendig, um die Mitte schließlich zu erreichen. Keiner ist vergeblich gewesen oder sinnlos. Alle Mühe hat sich gelohnt. Geh in die Wendung, nimm den Weg neu unter die Füße, diese Wegstrecke war nur ein Abschnitt auf deinem Weg, aber noch nicht das Ziel, zu dem du aufgebrochen bist.

Etwas anderes ist die Wendung in der Mitte des Labyrinths. Hier geht es nicht um eine Fortführung des Weges, sondern um ein Drehen um die eigene innere Achse. Das Ziel ist erreicht, der Weg führt nicht mehr weiter, er führt nur noch zurück. Im Labyrinth steckt viel Weisheit und ein tiefes Geheimnis. Es ist das Geheimnis um den Weg zurück.

Ich habe mir viele Ziele gesteckt. Große und kleine, leicht zu erreichende und auch vollkommen unerreichbare. Und dann gibt es etwas, das über all diesen Zielen steht: Es ist die Liebe. Sie ist das Kostbarste, das ich erreichen kann. Sie ist der Gewinn, der allein am Ende zählt. Alles vergeht, nur die Liebe bleibt.

Die österreichische Popgruppe STS singt ein sehr schönes Lied über den Großvater, eine Ballade des Enkels über das, worauf es ankommt. Das sind keine großen Lebenserfolge, keine aufgebauten Firmenimperien, keine Aktienvolltreffer, keine ahnsehnliche Erbmasse. Einfache Zeichen der Liebe sind es, die der Enkel besingt: die Gabe, zu verzeihen, die Gabe, nicht alles hören zu müssen, was gesagt wird, die Gabe, Angst zu überwinden, die Gabe, ein Freund zu sein. In dieser Ballade wird deutlich, was wirklich wichtig ist – und worauf es nicht so sehr ankommt.

Es ist gut, sich im Leben verschiedene Ziele zu stecken und sie zu verfolgen; aber wichtiger ist es, lieben zu können. Der Weg aus dem Labyrinth heraus ist wenig spektakulär. Aus der Sicht einer Welt, die immer nur ans Aufbauen denkt, ist es sogar ein Weg des Abstiegs. Ein Weg, auf dem man keine großartigen Leistungen mehr bringt. Es ist ein Weg, den zu gehen besonders Männern schwer fällt. Sie sind ein wenig skeptisch: ist er wirklich wichtig? Nicht umsonst muss Ariadne dem Helden Theseus einen Faden in die Hand geben, damit er diesen Weg überhaupt findet. Der Weg der Liebe ist der Weg herunter von den Türmen, die man meint bauen zu müssen.

Es braucht die grundsätzliche und radikale Wendung in der Mitte, will man in den Weg der Liebe eintreten.

35

Im Labyrinth sich selbst entdecken

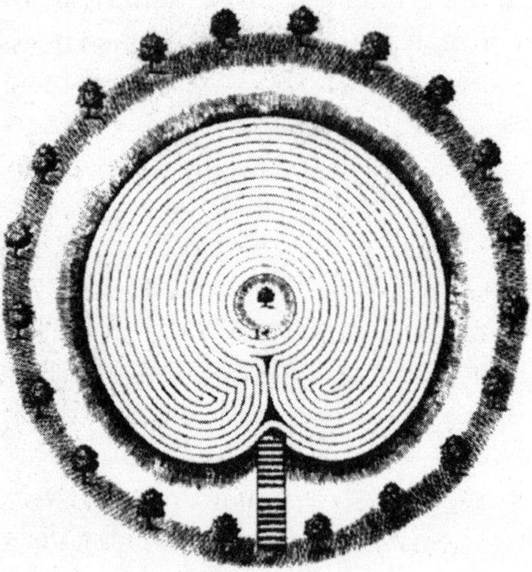

Wandelburg in Stolp / Polen

Im Labyrinth kommt man den Rätseln
des eigenen Lebens auf die Spur.

Das Labyrinth stellt die wichtigsten Lebensfragen.

Eine davon ist: „Was willst du?"

Jede Entscheidung im Leben erfordert diese Frage. Nichts geschieht, bevor man sich diese Frage nicht gestellt und beantwortet hat. Auch die erste Frage, die Jesus den Kranken stellt, die zu ihm kommen, lautet: „Willst du gesund werden?" Ohne inneres Wollen gibt es keine Wunder – oder es fehlt die Möglichkeit, sie zu erkennen, wenn sie stattfinden. Manchmal reden Menschen davon, dass ihnen ein großes Wunder widerfahren sei – und ein anderer, der dabei war und danebenstand, lächelt darüber. Wunder kann nur erkennen, wer genau weiß, was in seinem Inneren vorgeht, wer genau weiß, was er wollte – und was er eigentlich nicht wollte.

Wenn das Wunder geschieht, öffnet sich ein Weg. Dieser Weg ist nicht geradlinig und keine Autobahn. Ihm zu folgen geht nicht schnell, und es ist nicht einfach. Ständig tauchen neue Wendungen auf und damit neue Fragen. Zu ihnen gehören: „Was muss ich aufgeben?" oder „Was kann ich lassen?" oder „Was ist meine Aufgabe?" Diese Fragen führen immer weiter in das Innere. Sie führen dorthin, wo es um die Dinge geht, die wirklich wichtig sind.

Es kann passieren, dass jemand ein Labyrinth begeht und nichts passiert. Es kann aber auch sein, dass das ganze Labyrinth zu einem Spiegel wird, in dem ich mich selbst erkenne und den eigenen Lebensweg, die Situation, in der ich mich gerade befinde.

Das Labyrinth hat die Fähigkeit, das Innere nach außen zu wenden. Ich sehe zuerst, dass ich mich auf einen Weg zu einem Ziel hin aufmachen muss. Ich sehe, dass Wendungen unumgänglich sind. Verborgen in meinem Inneren hoffe ich bisweilen, eine Wendung schon irgendwie gerade biegen zu können. Bei dem Versuch, das zu tun, bleibe ich stehen, ich komme nicht weiter. Ich versuche es eine Weile mit Geduld oder Gewalt, aber es hilft nicht. Sehe ich dann ein Labyrinth vor mir, merke ich rasch, wie unklug es ist, die Wendung vermeiden zu wollen. Alles, was dabei heraus kommt, ist Stillstand.

Das Labyrinth macht auch noch andere Fragen sichtbar: „Wo bin ich eigentlich?" Bin ich schon nahe am Ziel oder noch weit weg, und inwieweit stimmt mein Gefühl über die Länge des zurückgelegten Weges überhaupt mit dem Weg überein, der noch vor mir liegt? Das Labyrinth gibt an dieser Stelle ja die überraschende Antwort, dass weit von der Mitte entfernt zu sein nicht gleichbedeutend damit ist, einen weiten Weg zur Mitte zu haben.

Ich habe einmal in einer Wohngemeinschaft mit Haftentlassenen und Zuhältern gelebt. Dort habe ich viele Menschen kennen gelernt, die am äußersten Rand der Gesellschaft lebten. Ihre Fähigkeit, sich selbst einzuschätzen, Gut und Böse unterscheiden zu können, ihre Auseinandersetzung mit Gott und dem Sinn des Lebens hat mich oft fasziniert. Mehr als einmal hatte ich das Gefühl, dass sie viel weiter waren auf dem Weg zur Mitte als ich.

Es kann auch sein, dass ein Gang durch das Labyrinth die eine Frage hervorholt, die mich persönlich gerade am meisten beschäftigt, an der ich nicht vorbeigehen sollte, die Frage, die ich mir wirklich offen stellen muss.

Es kann eine Frage sein nach meiner Vergangenheit oder Zukunft, nach einer beruflichen Entscheidung oder nach einem Menschen, mit dem ich wieder Kontakt aufnehmen sollte. Es kann die Frage sein: „Was darf ich endlich loslassen?" oder „Was werde ich als Nächstes tun?"

Ich bin inzwischen viele Labyrinthe gegangen. Sie haben mir schon viele Fragen gestellt. Eine Frage stellt sich mir dabei am häufigsten. Wahrscheinlich ist es die Frage, mit der ich selbst am meisten kämpfen muss. Sie lautet: „Wem kann ich vertrauen?"

36

Das Labyrinth ist ein Spiegel

Felszeichnung in Pontevedra / Spanien

Das Labyrinth lädt ein,
in aller Verwirrtheit, Unvollkommenheit und
Schmerzhaftigkeit des Lebens
die Schönheit des Ganzen zu entdecken.
Es lädt ein,
sich unbeirrt und gelassen auf den Weg zu machen.
Es lädt ein,
zur Mitte aufzubrechen
und zu Hause anzukommen.

Ein Lichterlabyrinth erzeugt eine wunderschöne Stimmung. Fröhlich und geheimnisvoll, warm und einladend. Ich habe es an einem Platz in der Stadt aufgestellt, der etwas abseits liegt. Durch die Gassen bläst manchmal ein leichter Wind, der direkt über dem Asphalt offenbar genug Kraft entwickelt, um mit einem Zug die Fackeln auszublasen.

Meine Frau und mein Vater haben mir geholfen, alles anzuzünden. Gerade sind wir fertig. Wir merken den Wind kaum, aber als wir uns umdrehen, ist das halbe Labyrinth verlöscht. Gott sei Dank kenne ich diesen Platz und weiß von diesem Wind.

Ich bin deshalb vorher in ein Kino gegangen und habe mir die verschiedenen Größen der Popcornbecher zeigen lassen.

„Diese bräuchte ich", sagte ich der Dame hinter der Theke.

„Einen oder zwei?" fragte sie.

„Nein, dreihundert!"

Dann haben wir schnell alle Bodenfackeln in die Becher gestellt. Eine knappe halbe Stunde später brennen die Lichter wieder. Im Gewand der gelb und rot leuchtenden Becher wirkt das Labyrinth fast noch schöner. Dass es Popcornbecher sind, sieht man nicht.

Bei einem Lichterlabyrinth mache ich immer einen direkten Ausgang aus der Mitte, damit man sich im Labyrinth nicht entgegen kommt und es zu eng wird, aneinander vorbeizukommen.

Immer wieder gehen Leute über den Ausgang direkt hinein zur Mitte. Ich lasse sie: denn das Labyrinth ist ein Spiegel. Ich gehe immer davon aus, dass jeder im Labyrinth genau das erlebt, was gerade in seinem Leben passiert. Oder einen bestimmten Aspekt davon betrifft.

Eine Dame steht neben mir, als ein junger Mann quer über das Labyrinth steigt, dabei sogar einen Lichtbecher umwirft und irgendwo zwischen den Gängen mit seiner Freundin stehen bleibt.

„So ist es falsch!", ruft die Dame dem Burschen zu.

„Nein, es stimmt schon", sage ich, „wahrscheinlich steigt er in seinem Leben gerade auch über alles Mögliche, aber haben Sie gesehen, was in so einem Fall das Resultat ist? Er ist an der Mitte vorbeigegangen. Er hat sie nicht gesehen."

„Und was ist mit denen, die dort hineingehen, wo eigentlich der Ausgang ist?", fragt jemand, der unserem Gespräch zugehört hat.

„Meistens braucht es einen langen Weg, um ein Ziel, das man sich gesteckt hat, auch zu erreichen; aber es gibt auch Situationen im Leben, wo man tatsächlich ein Ziel sehr schnell und direkt und problemlos erreicht. Dann kann es wiederum so sein, dass es einen langen Weg zurück braucht, um wirklich schätzen zu lernen, was man so einfach erreicht hat, oder auch, um es wieder los zu werden, wieder frei zu sein."

An diesem Tag habe ich in die Mitte des Labyrinths eine Schale gestellt mit Zetteln, auf denen Sinnsprüche stehen. In diesem Augenblick geht jemand über den Ausgang direkt zur Mitte, holt sich einen Spruch und geht direkt wieder heraus.

„Und was ist mit dem?" fragt die Dame, und im Klang der Stimme höre ich den Unterton, dass das doch nun wirklich nicht richtig sein kann.

„Ich weiß es nicht", antworte ich, „ich weiß nur, dass er nicht viel mitbekommen hat von dem, was hier vor ihm liegt". Und denke weiter bei mir, dass es ihm wahrscheinlich in seinem Leben gerade auch so gehen wird.

Ich glaube, dass das Labyrinth ein meisterliches Werkzeug der Selbsterkenntnis ist, wenn man es zu sich sprechen lässt. Es geschieht nichts Mysteriöses oder Magisches im Labyrinth, aber das Labyrinth macht etwas sichtbar, das in uns verborgen ist.

Das Labyrinth ist der Weg zur Mitte, die Suche des Menschen nach dem Leben, die Suche nach sich selbst und die Suche nach den großen Zusammenhängen und Wahrheiten unserer rätselhaften Existenz in diesem Kosmos.

Das Labyrinth ist wie ein einfacher aufgelegter Spiegel, der etwas spiegeln kann von dem, was sich in mir bewegt, der aufscheinen lässt, wo ich gerade stehe, in dem etwas davon sichtbar wird, wer ich bin.

Keiner, der an diesem Tag zum Labyrinth kommt, erscheint mir deplatziert. Der gehört dazu, der in einem Auto vorfährt und irgendeine Bemerkung aus dem heruntergekurbelten Fenster ruft, genauso wie der, der in der Mitte niederkniet, einen Spruch liest und zu weinen beginnt. Es gehören die dazu, die „falsch" hineingehen und über die Begrenzung steigen. Es gehören die dazu, die sich in der Mitte fotografieren lassen, und die, die ganz langsam und konzentriert gehen. Es gehören die Älteren dazu und die Kinder.

Ein Vater meint halb entschuldigend zu mir über seinen Sohn: „Für ihn ist das nichts." Der 14-jährige war gelangweilt bis zur Hälfte hineingegangen, dann aber hat er sich hingekniet und lange versucht, eine verloschene Fackel an einer anderen wieder anzuzünden. Der Vater hat nicht gesehen, mit welcher Entschlossenheit und Geduld der Sohn das Feuer wieder entfachte. Ich kann das abtun mit der Bemerkung „Kinder zündeln halt gerne"; aber ich kann auch sagen: „Was für eine einfache und schöne Geste, das Feuer wieder zu entzünden, wo es verloren war."

Auch wenn das Labyrinth dem Zuschauer etwas verrät von jedem, der ein Labyrinth begeht, und sogar von dem, der nur daran vorbeigeht, so wird jeder für sich selbst noch viel mehr entdecken können, das unsichtbar für den Betrachter bleibt. Wer in diesen Spiegel blickt, kann viel über sich selbst erfahren.

37

Gute Fragen sind besser als Antworten

Mondlabyrinth aus einer Bibelhandschrift

Ein Standpunkt
ist nur ein Punkt,
kein Universum.

Es ist das Kennzeichen eines großen Symbols, dass viel Interpretation darin Platz hat. Das Labyrinth kann daher auch mit sehr unterschiedlichen Ideen zu sehr unterschiedlichen Zwecken verwendet werden.

Die lange Geschichte des Labyrinths hat das gezeigt: Es war ein Tanzplatz der Jugend, der Brautleute und von Begräbnisgesellschaften; ein Ort für Rituale bei Stadtgründungsfeiern und ein Geschicklichkeitsspiel bei Reiterfesten; geheimer Ort für Initiationsfeiern und beliebtes Design von Mosaikkünstlern. Es war Illustration in Geburtshilfebüchern, Zauberbüchern, Gartenbüchern und Bibelhandschriften. Es hat in Kirchen und Bädern, auf Markt- und Parkplätzen, Klöstern und Banken seinen Platz gefunden. Es ist das Logo öffentlicher Frauenplätze, kirchlicher Bildungseinrichtungen, einer Zeitung für Alleinerziehende und mehrerer Firmen. Das Labyrinth hat sich nie für einen bestimmtem Zweck vereinnahmen lassen und lässt sich auch heute nicht festlegen. Auch findet man im Labyrinth keine klaren und allgemein gültigen Antworten. Man kann sich an gute Antworten annähern. Aber sie werden immer auch sehr persönlich gefärbt sein. Und weil das so ist, fallen sie sehr unterschiedlich aus. Ein gutes Symbol ist nicht gekennzeichnet durch gute Antworten, sondern vielmehr durch gute Fragen.

Ich glaube nicht, dass jemand grundsätzlich etwas gegen gute Antworten hat. Ich selbst bin ein begieriger Sucher nach guten Antworten. Aber gute Fragen sind besser als Antworten. Wer die Antworten hat, für den ist die Sache erledigt. Wer auf alles eine Antwort hat, ist satt. Wenn kein Durst mehr da ist, wird der Brunnen nicht mehr gesucht. Wer aber nicht sucht, findet auch nichts. Antworten können wie eine Parkbank sein, auf die man sich setzt. Hier sitze ich jetzt, und so ist es. So eine Parkbank kann zwar ganz bequem sein, aber der Blick, den ich auf ihr habe, hat einen ziemlich begrenzten Horizont. Der ganze

Park und die Welt hinter dem Park bleiben unzugänglich für den, der stur auf seiner Antwort-Bank sitzen und stehen bleibt. Einen Standpunkt zu haben ist zwar gut und wichtig – aber er ist eben auch nur ein Punkt und kein Universum.

Gerade wenn das Labyrinth die herausfordernde Frage stellt „Gehst du, oder stehst du?", dann ist der besser dran, der offen für Neues ist, der einen Standpunkt aufgeben und einen neuen beziehen kann, der ein unablässig Suchender ist, der noch nicht das gefunden hat, was er sucht, der vielleicht nicht so viele gute Antworten hat, aber viele gute Fragen: Er weiß zumindest, dass er unterwegs ist.

38

Urbild des Lebens

Modernes christliches Labyrinth

Im Labyrinth verliert man sich nicht,
man findet sich.

Hermann Kern

Das Labyrinth ist ein Urbild des Lebens, ein Spiegel der Seele. Im Labyrinth finde ich mich selbst wieder und meinen Weg durch das Leben. Mit der Geburt werde ich eingeladen, in einen Weg einzutreten. Ich werde an Wendungen geführt und aufgefordert, sie zu durchschreiten. Ich werde mit einer unstillbaren Sehnsucht nach der Mitte ausgestattet. Ich werde an die Mitte herangeführt und muss mich wieder wegwenden von ihr, um weiterzukommen. Ich erlebe Grenzen und Zweifel und immer wieder auch das Gefühl, dass dieser Weg niemals irgendwo ankommen wird. Trotzdem hält mich die Mitte fest und lässt mich nicht über den Rand stürzen.

Auf meinem Weg begegne ich Menschen, gehe manchmal ein Stück weit mit ihnen und dann wieder alleine, gehe manchmal in Begleitung, manchmal gegen den Strom. Manchmal verliere ich jemanden völlig aus den Augen, um ihm irgendwann überraschend wieder zu begegnen. Manchmal brauche ich eine helfende Hand, um eine Kurve zu kriegen, manchmal stößt mich ein übereifriger Zeitgenosse aus der Bahn.

Es gibt Zeiten, da wird der Weg zum Tanz, und es ist mir zum Singen zumute, dann wieder frisst mich die Ungeduld. Irgendwann überläuft mich ein leiser Schauer, wenn sich, meist überraschend, der Weg zur Mitte öffnet.

Die Mitte ist ein seltsamer Ort. Sie birgt und schützt, erfreut und tut gut. Ich schöpfe aus der Quelle, ich bin verbunden mit allen anderen und dem ganzen Universum. Hier ist es gut zu bleiben. Irgendwann weiß ich, dass das noch nicht alles war. Ich muss wieder zurück. Dieser Weg aus dem Labyrinth heraus besteht aus weit weniger Eindrücken und Worten. Es ist ein wunderbarer Weg, ein kostbarer Weg, ein stiller Weg, so still beinahe, dass man nicht viel darüber sagen will.

Das Labyrinth ist ein heiliges Werkzeug der Erkenntnis, ein Bild, das uns verbindet mit Gott, der Welt und uns selbst. Es steckt etwas Geheimnisvolles darin, und zugleich ist es von faszinierender Klarheit und Vollkommenheit. Es steckt darin etwas vom Geheimnis des Menschseins und davon, dass unser Leben in der Schönheit und Harmonie des Universums gehalten ist.

Abbildungsnachweis

Alle Abbildungen von Gernot Candolini; ausgenommen:

Kap. 2 und 13: Robert Field, aus: *Mazes Ancient & Modern*, Tarquin Publications, Norfolk 1999;

Kap. 5: W.H. Matthews, aus: *Mazes & Labyrinths*, Longmans, Green and Co., London 1922;

Kap. 9: Adrian Fisher, *www.labyrinti.com*;

Kap. 10, 15, 23, 28 und 33: Jeff Saward – Caerdroia, *www.labyrinthos.net*;

Kap. 11: Leonardo da Vinci im Faksimileband der Reale Commissione Vinciana, Bd. V, Rom 1941, abgebildet in Hermann Kern, *Labyrinthe*, Prestel 1982;

Kap. 12: Nicholas R. Mann, aus: *Glastonbury Tor*, Annenterprise, Glastonbury 1986;

Kap. 26,27, 30, 36 und 37: Carl Schuster & Edmund Carpenter, aus: *Patterns that Connect*, The Rock Foundation, New York 1996;

Kap. 29: Hermann Hugo, aus: *Die christliche Seele im Labyrinth der Welt*, Antwerpen 1632, abgebildet in Hermann Kern, *Labyrinthe*, Prestel 1982

Weitere Bücher von Gernot Candolini

Viele Fotos zu der in diesem Buch beschrieben Reise und Erlebnissen finden Sie in dem Bildband *Das geheimnisvolle Labyrinth – Geschichte und Mythos eines Menschheitssymbols*, Pattloch 1999.

Wer mit dem Labyrinth praktisch arbeiten möchte, findet eine Einführung, Anregungen und Vorlagen in *Labyrinthe – ein Praxisbuch zum Malen, Bauen, Tanzen, Spielen, Meditieren und Feiern*, Pattloch 1999.

Unter *www.labyrinthe.at* finden Sie die Homepage von Gernot Candolini.

Zu sich selbst finden

Uwe Wolff
Reise ins Labyrinth
Unterwegs zur eigenen Mitte
ISBN 3-451-27415-9
Das spannende Sachbuch zur kulturellen Deutung und spirituellen Erkundung eines ebenso zeitlosen wie faszinierend modernen Symbols: Ein Spiegel unserer Existenz und unseres menschlichen Lebenswegs.

Ayya Khema
Was du suchst, ist in deinem Herzen
Der Weg zur inneren Klarheit
Band 5129
Aus einem aufregenden Leben kam Ayya Khema zur Erkenntnis: „Alles hat seinen Anfang in unserem Herzen." Meditationen und Einsichten.

Adelheid Meutes-Wilsing/Judith Bossert
Zen für jeden Tag
Ganzheitlich leben
Band 5124
Zen heißt: Aufmerksam sein für das, was ich gerade tue. Praktische Anleitungen für jeden Tag, die zu mehr Lebensfreude und innerer Ruhe führen.

Willigis Jäger
Geh den inneren Weg
Texte der Achtsamkeit und Kontemplation
Band 4862
Willigis Jäger ist einer der bedeutendsten spirituellen Lehrer unserer Zeit: tief verwurzelt mit einem kontemplativen Christentum und vertraut mit dem radikalen Weg der östlichen Leere.

HERDER spektrum